사회학

SOCIOLOGY: A Very Short Introduction, Second Edition

첫 단 추 시 리 즈
034

사회학

스티브 브루스 지음
강동혁 옮김

교유서가

차례

서문

인기를 누리는 동시에 매도당한다는 것은 사회학의 힘을 나타내는 표지다. 비교적 이른 시기에 확립된 학문들은 사회학을 버릇없는 신입으로 취급하면서도 그 관점을 차용한다. 일반인들은 전문적인 사회학 연구자들을 조롱하면서도 사회학의 여러 가정들을 당연한 것으로 받아들인다. 보수 정부는 사회학이 도덕과 사회적 규율의 가치를 암암리에 훼손한다고 비난하면서도 사회학자들을 고용하여 자신들의 정책을 평가하도록 한다.

사회학에 대한 우리의 불편한 느낌은 사회학에 관한 농담의 빈도와 내용에서 드러난다. 직업적 편집증인지는 모르지만, 역사학자 농담과는 다른 방식의 사회학자 농담이 존재하는 것 같다. 유머를 옮기기는 쉽지 않으므로 한 가지만 이야기 해보겠다. 이 탁월한 농담은 시시한 악당들과 런던 하층민의 삶을 다룬 1980년대 영국의 훌륭한 코미디 시리즈 〈마인더〉에 나온 것이다. 정감 가는 깡패 둘이 방금 석방된 지인에 대해 이야기하고 있다. 한 명은 그 친구가 복역중에 공부를 해서 더 나은 사람이 됐다고 말한다. "그래, 이제 방송통신대 학위까지 있다니까. 사회학 전공이래." 다른 한 명이 묻는다. "그럼, 도둑질은 그만둔 거야?" 그러자 먼저 이야기를 꺼냈던 친구가 말한다. "아니지! 하지만 이젠 왜 자기가 도둑질을 하는지 알게 됐어!"

복합적인 조롱이다. 사회학은 악당들에게 매력적이다(아마 사회문제를 연구하는 경우가 많아서일 것이다). 사회학은 개인적 행위의 사회적 원인을 밝힘으로써 그에 대한 책임을 면제해준다. 사회학은 고지식해서 물정에 밝은 사람들이 조작할 수 있다. 사회학이라는 학문이 이런 비난을 일부 혹은 전부 받을 만한지는 이 책을 다 읽고 나면 분명해질 것이다.

앞으로 드러날 여러 이유 탓에 사회과학자들은 자연과학자들에 비해 합의를 도출하기가 어렵다. 예컨대 물리학의 경우, 선구적 연구자들이야 격렬히 논쟁을 벌일지 몰라도 평범한 물리학자들 사이에서는 물리학 입문 교과서에 대한 합의가 충분히 이루어져 있기에, 학계에서 통용되고 입문자들이 습득해야 하는 기초적 지식만큼은 권위 있게 선언할 수 있다. 반면 사회과학 입문서들은 해당 학문을 서로 경합하는 여러 관점의 연속으로 서술하는 경우가 많다. 그렇게 분열을 강조하는 데에는 몇 가지 이점이 있다. 어떤 주장의 논리적 귀결에 특별히 주안점을 두면 사회적 세계의 이런저런 측면을 설명하고자 할 때 반드시 해결해야만 하는 논쟁들을 즉시 인지할 수 있다. 특정 학파의 옹호자들은 선거에 출마한 정치인들이 그러듯 자신과 경쟁자 사이에 '맑고 푸른 바다'처럼 선명한 차이를 두려고 노력한다. 다행인 것은, 권력을 잡은 정치인들과 마찬가지로 이런 학파의 옹호자들 역시 사회학을 할 짬이 생기면 공통의 기반으로 후퇴하는 경향이 있다는 점이다.

이 시리즈의 간결함 덕분에 나는 사회학이라는 학문의 종합 지도를 그리는 의무에서 벗어날 수 있었다. 대신에 나는 사회학적 관점의 특질을 전달할 것이다. 그러기 위해서는 세 단계를 밟아야 한다. 먼저 나는 사회학을 사회과학의 일종으로 표현한다는 것이 어떤 의미인지 고찰함으로써 사회학의 위상을 설명하고자 한다. 제2, 3, 4장에서는 사회학의 근본적 가정 몇 가지를 설명한다. 제5장에서는 불행하게도 인기를 얻은 사이비 사회학과의 구분을 통해 사회학이라는 학문을 명확히 정의할 것이다.

제 I 장

사회학의 위상

사회학과 과학

우리가 물질세계에 대한 우리 자신의 이해력과 통제력에 깊은 감흥을 느낀 세월 내내 과학자들이나 과학철학자들은 돌을 금으로 바꾸려고 노력하던 연금술사들이나 별의 위치를 보고 미래를 예언하려 했던 점성술사들로부터 성공적인 현대의 과학자들을 구분해주는 것이 무엇인지 규정하려고 노력해왔다. 불행한 일이지만, 그 모든 시도에도 불구하고 뚜렷한 구분은 이루어지지 못했다. 과학자들이 실제로 하는 일을 자세히 들여다보면 직업으로서의 과학은 철학자들이 그린 그림에 딱 들어맞지 않는다. 그렇더라도 연금술보다는 물리학에서, 점성술보다는 천문학에서 발견될 가능성이 높은 일련의 속성들을 나열하는 것은 가능하다. 과학과 유사과학을 절대적으로 확실하게 구분할 수 없을지는 몰라도 우리는 '대체로' 과학적인 것에 대해서 유익한 이야기를 나눌 수 있고 과학을 일상적 추론과 비교할 수도 있다.

좋은 과학 이론은 내적으로 일관성을 유지해야 한다는 데서 출발하는 것도 좋은 방법이다. 이를 통해 일상적 추론과 과학적 이론이 즉시 구분된다. 내 어머니는 고집스러운 사람인데도 시시때때로 자신의 생각을 반박한다. 언젠가 한 말이 다음에 한 말과 양립할 수 없는 경우에도 결코 곤욕스러워하지 않는다. 언젠가는 길가의 카페에서 형편없는 음식을 제공한다면서, 그 음식의 양이 적다고 비난했다!

좋은 과학 이론은 증거와 합치해야 한다. 뻔한 소리인 것 같지만, 이런 면에서 과학자들이 마땅히 요구하는 기준은 일반인들이 습관적으로 수용하는 수준에 비해 훨씬 더 엄격하다. 예컨대 전통의학과 대체의학에는 아주 다채로운 기준이 적용된다. 그러나 제약회사는 경쟁사보다 일찍 제품을 출시할 상업적 필요성이 있더라도 먼저 장기간의 광범위한 실험을 거친다. '이중맹검법'은 수많은 환자들을 실험군과 대조군으로 나눈다. 한 집단에는 신약을, 다른 집단에는 무해하고 아무 효과가 없는 위약을 준다. 실험이 끝나고 어느 약이 주어졌는지 밝혀지기 전까지는 환자도 의사도 누가 진짜 약을 받고 누가 위약을 받았는지 모른다. 실험결과는 실험군이 위약군에 비해 현저히 호전될 때에만 약물의 효능을 입증하는 것으로 받아들여진다. 이와 반대로 신앙치료, 침술, 자석치료 등의 대체요법은 실험을 거치는 경우가 거의 없다. 환자가 기적적으로 치유됐다는 아무 증거 없는 일화 몇 가지만 있으면 치료자의 개인적 경험만으로도 충분하다고 여겨진다. 설령 실험을 하더라도 광범위한 실험이 이루어지거나 이중맹검법을 활용하는 경우는 결코 없다. 그러므로 몇몇 환자들이 '치유된' 이유가 흔한 질병은 종종 저절로 낫기도 한다거나 모든 치료법은 위약 효과를 낼 수 있다는(누구나 치료법이 통할 거라고 기대할 때 호전된다) 것일 두 가지 가능성은 결코 배제되지 않는다.

다음으로, 과학은 끊임없이 변한다. 과학적 발견이 절대적·영구적으로 참인 경우는 결코 없다. 과학적 발견은 언제나 잠정적이며 늘 개선의 여지가 있다. 한 세기 전에는 설득력 있는 정설이었던 것이 다음 세기에는 역사적 호기심의 대상이 된다. 과학이 **진보**한다는 말은 최종 목적지를 알고 있다는 뜻이므로 다소 이상하지만, 우리가 우리의 과거를 확실히 알고 있는 한, 과학이 오류로부터 점점 멀어지고 있다는 말은 할 수 있다. 이번에도 경험적 증거에 의존하는 의학과 전통에 의존하는 대체요법을 비교해보면 문제의 핵심이 드러난다. 배치 플라워 요법, 풍수지리, 지압의 세계에서는 어떤 일을 수백 년 동안 해왔다면(현대성으로 오염되지 않은 문화권에서 해온 일이면

더 좋다) 그 일의 유효성이 확보된다. 하지만 신체의 순환계 같은 의학의 기초 원리가 비교적 최근에 발견되었다는 사실을 고려하는 과학자들은 적절하게도 특정 개념이 얼마나 오래되었는지에 좌우되지 않는다.

엉터리 과학(이집트 피라미드는 지구를 방문한 우주인들이 지은 것이라는 에리히 폰 데니켄의 주장 등)은 토막 난 사실들을 맥락으로부터 추출해 특정 이론의 근거랍시고 제시한다. 좋은 과학은 주제와 관련된 **광범위한** 자료의 수집을 어떤 설명을 다른 설명으로 대체할 때의 핵심 요건으로 여긴다. 하지만 이런 구분만으로는 불충분하다. 증거를 전혀 찾을 수 없을 정도로 엽기적인 생각은 거의 존재하지 않는다. 믿어야 할 이유는 쉽게 찾을 수 있다. 훨씬 더 강력한 검증 방법은 믿지 말아야 할 이유를 찾아보는 것이다. 좋은 과학에서 가장 설득력 있다고 여기는 개념들은 곧 틀렸음을 입증하려는 반복적인 시도에도 살아남는 개념들이다.

이로써 우리는 과학의 가장 중요한 특징 중 하나에 도달한다. 바로 과학이 실패에 대처하는 방식이다. 내가 원자보다 작은 입자들에 관한 새로운 가설을 세운다고 상상해보자. 나는 내 연구실에서, 내 시각에 따라 훈련시킨 학생들의 도움을 받아, 내 이론에 합치하는 수많은 실험관찰 결과를 내놓는다. 하지만 그때 다른 곳의 과학자들이 내 작업을 되풀이해보고 내

발견을 확인하는 데 실패한다면 나는 새로운 증거에 비추어 내 가설을 재고해야 한다. 내 가설은 새로운 관찰결과를 망라할 수 있도록 개선되거나 그 결과가 틀린 이유를 설명할 수 있는 경우에만 유효하다. 그렇지 않다면 폐기되어야 한다.

반대 경우를 생각해보면 이런 접근이 지니는 가치가 쉽게 드러난다. 어떤 환자가 피부에 두드러기가 나서 주술사를 방문했다고 해보자. 주술사는 닭에게 독을 먹이고는 그 닭이 죽기 전에 비틀거리는 모양을 지켜본다. 그러고는 두드러기의 원인은 환자의 시누이가 저주를 걸고 있기 때문이라는 걸 알아낸다. 주술사는 환자에게 부적을 주면서 1주일만 차고 다니면 저주가 풀리면서 두드러기가 나을 것이라고 말한다. 하지만 한 달 뒤에도 두드러기는 낫지 않는다. 그러나 주술사는 질환이 저주로 인해 생겼다는 것은 말이 안 되며 부적에는 치유력이 없다고 결론짓는 대신에 환자의 믿음이 부족했다고 강변한다. 환자가 진심으로 신뢰할 때에만 치료법이 통한다는 것이다.

이 일화는 아프리카 전통의술에서 따온 것이지만, 오늘날의 과학자들도 아끼는 가설이 반박당하지 않게 하려고 비슷한 창의력을 발휘할 수 있다. 확실히 과학에 가장 도움이 되는 것은, 과학이라는 학문 일반에는 열심이지만 자기가 세운 특정 가설에 지나치게 매달리지 않는 과학자들일 것이다. 하지만 과학자들도 어디까지나 인간일 뿐이다. 과학이 성자(聖者)처럼 사심 없는 과학자들에게만 의존하지 않아도 되는 건 **경쟁** 덕분이다. 특정 이론을 발전시키느라 20년을 보낸 사람은 그 생각을 방어하려고 애쓸지 모른다. 그러나 자연과학계의 직업구조상 그와 연구 분야가 동일한 수많은 사람들은 선임자가 틀렸음을 입증하여 승진 기회를 잡으려 들기 마련이다.

과학은 생각의 자유로운 교환과 지적 경쟁을 토대로 번창한다. 가톨릭교회가 세력을 떨치던 중세나 공산당 치하의 1930년대 소련에서처럼 외부 주체가 과학적 성과에 근거하지 않은 신념을 강요할 때에는 지체된다. 19세기의 몇몇 유전학자들은 개체가 평생 동안 획득하는 형질이 유전자를 통해 전달될 수 있다고 주장했다. 프랑스 생물학자 장바티스트 라마르크는 기린의 목이 길어진 것은 높은 나무의 나뭇잎에 닿으려고 목을 늘이는 습관 때문이라고 믿었다. 반대 주장은 기린의 목이 긴 것은 그 자체가 유전자 내에 이미 부호화된 속성이며, 그런 속성을 가진 기린들의 생존 가능성이(따라서 번식 가능성이) 그렇지 않은 기린들에 비해 더 높았으리라는 거였다. 유전적 조성은 이런 방식으로 학습이 아닌 '자연선택'을 통해 변화한다는 얘기다. 1920년대에는 라마르크의 시각이 대체로 폐기되었다. 하지만 소련에서만큼은 그 이론이 살아남았다. 그곳에서는 자연도태라는 대안적 이론이 자본주의 논리와 유사한 만큼 정치적으로 수용할 수 없는 것으로 간주되었기 때문이다. 트로핌 리센코(Trofim Lysenko)는 자신의 정치적 입지를 활용해 라마르크주의를 당국의 공산주의 철학에 포함시켰고 그에게 반대하는 유전학자들은 입장을 철회하거나 시베리아로 추방될 수밖에 없었다. 소련의 생물학은 1950년대에 이르러서야 리센코의 영향력에서 회복되었다.

요즘에는 과학적 방법으로 진실을 보장할 수 있다는 생각을 조롱하는 게 유행이다. 사회학 또한 과학의 작동 방식이 일반인이 세상을 이해할 때 쓰는 일상적 방법과 유사한 경우가 많고 객관성을 주장하는 과학자들도 이해관계나 가치관으로부터 자유로운 건 아니라는 사실을 보여줌으로써 과학의 야심 찬 주장들을 약화시키는 데 의미심장한 역할을 수행해왔다. 그렇더라도 현대 과학은 인간이 자연계를 이해하고 통제할 수 있게 해준다는 면에서 엄청난 성공을 거두었고(많은 평자들은 지나친 성공이었다고 말할 것이다), 그런 만큼 사회적 세계를 연구할 방법을 고민할 때에도 확실한 출발점이 된다. 대부분의 대학에서 사회학과가 '인문대학'이 아닌 '사회과학대학' 소속인 것도 우연은 아니다.

사회학이 과학적일 수 있을까?

하지만 자연과학의 방법을 본떠야 한다는 말로 사회학에 관한 설명을 시작하면 조만간 그런 모방에 근본적 한계가 있음을 깨닫게 된다.

첫째, 사회과학자들은 실험을 할 수 있는 경우가 별로 없다. 1980년대 북아일랜드의 개신교도 테러 조직을 연구하던 중 나는 특정 부류가 어떻게 주요 지도자 역할을 맡게 되는지에 관심을 가졌다. 나는 그 지도자들(혹은 지도자 재목으로 여겨질 수도 있었으나 결코 지도자가 되지 못했던 사람들)에 대해 최대한 많은 것을 알아낸 다음 몇 가지 잠정적 결론을 내렸다. 테러 조직에 관한 일반인들의 예상과는 달리, 그 지도자들이 권력을 잡을 수 있게 한 자질은 개인의 악랄함이 아니었다. 30여 가지 사례 중 공포로써 조직을 다스린 사람은 단 두 명밖에 없었다. 그중 한 명은 상위계급의 보호자들이 권좌에서 물러나자마자 부하들에게 살해당했고, 다른 한 명 역시 체포되어 수감되지 않았다면 마찬가지 처지가 되었을 것이다. 노골적 강요보다 중요한 건 설득하고 조정하는 능력이었다. 하지만 그런 능력은 25년에 걸친 분쟁 기간에 지도자 역할을 맡았던 모든 사람의 공통점으로 보였다. 1970년대의 지도자들과 1980년대 중반에 그들을 대체한 부류의 배경에서 드러나는 중요한 차이는 여전히 설명되지 못했다.

외교력은 통상적인 자격요건이지만 사회적 지위는 처음 10년간만 중요하게 여겨졌을 뿐 이후에는 그렇지 않았다. 거의 예외 없이 1세대 지도자들은 폭력사태가 일어나기 전부터 공동체의 지도자 역할을 수행한 부류였고, 주로 노동조합이나 지역 자치회, 정당, 주택 건축조합과 관련한 직을 맡고 있었다. 1980년대 후반부터 두각을 나타낸 사람들은 아주 달랐다. 이들은 대부분 테러 조직 내에서 성장했으며 '수완가'였기 때문에 전면에 부상했다. 이들은 유능한 살인자이자 강도, 강탈, 마약 거래 등의 기획자였다.

세대 간의 차이로 인해 나는 다음과 같은 다소 뻔한 결론을 얻었다. 누구에게든 관련 경험이나 강조할 만한 실적이 없는 새로운 사업 분야에서는 지위나 실력을 나타내는 일반적 지표들이 지도자 선택에 활용된다. 리더십은 '이전 가능한 기술'로 간주된다. 하지만 다수가 그 사업의 핵심적 활동(이 사례에서는 살인을 비롯한 연관 범죄를 계획하고 실행하는 활동)에 관한 경험을 쌓을 수 있을 정도로 사업이 장기간 진행되면 그 행위와 관련된 능력을 토대로 잠재적인 지도자들을 평가할 수 있게 된다. 이제 사람들은 아주 일반적인 능력 지표(다른 공동체 활동에서 두각을 드러냈는지 여부)보다 과제와 관련된 좀더 구체적인 자질에 관심을 가진다.

이 설명은 틀릴 수도 있다. 여기서 중요한 건 어떻게 하면

이 생각을 검증할 수 있느냐는 문제다. 브롬화 반응을 연구하는 화학자는 외부 변수로 보이는 것들을 동일하게 유지하면서 중심적이라고 생각되는 요소들만을 바꾸는 후속 실험을 고안할 수 있으며, 그런 변경의 결과는 측정되고 비교될 수 있다. 하지만 나는 실험 목적으로 안정적인 사회를 만든 다음 내전 공작을 벌일 수 없다. 설령 그럴 수 있다고 한들 사회과학 지식을 탐구하겠다는 명분이 테러를 정당화해주는 건 아니라는 점은 굳이 말할 필요도 없다. 그러나 윤리적이고 실제적인 장애물이 모두 제거되었다고 가정해보자. 내 테러 조직은 내가 이해하고 싶어하는 '자연발생적' 테러 조직과 같지 않을 테니, 만에 하나 내가 나만의 테러 조직을 만들더라도 브롬화물 화학자의 반복적인 실험에서 나온 자료와 비교할 만한 자료가 생산되지는 않을 것이다. 문제는 두 가지다. 첫째, 사회적 실험은 자연발생적 사회의 복제품이 아니므로 사회과학의 인위적 실험이 실제 세계와 맺는 관계는 화학 실험의 그것과 근본적으로 다르다. 다시 말해, 사회적 실험은 그 자체로 새로운 사회적 사건이다. 둘째 문제는 사회적 삶이 보통 너무 복잡하여 개별적으로 관찰 가능한 구성요소로 해체할 수 없다는 것이다.

그러니까 자연과학과 사회과학의 주된 차이 중 하나는 진행중인 삶의 복잡성으로부터 우리의 관심사를 떼어놓고 실험

하는 방식으로는 후자의 생각을 엄격하게 검증할 수 없다는
점이다. 단, 대체로 유사하되 한두 가지 핵심적 측면에서만 다
른 환경들을 체계적으로 비교하는 방식의 준(準)실험은 가능
하며 실제로도 그렇게 하는 경우가 많다. 유토피아 공동체에
관한 로저베스 캔터(Rosabeth Kanter)의 연구가 좋은 사례다.
캔터는 왜 어떤 공동체들은 성공하고 어떤 공동체들은 실패
하는지를 알고 싶었다. 그녀는 광범위한 문헌조사를 통해 공
동체의 역사를 연구하고 1960년대의 코뮌에 직접 참여한 적
이 있었기에 그런 식으로 설계된 사회들의 어떤 특징이 효과
적인지 막연하게나마 느끼고 있었다. 그녀는 먼저 이전의 학
술연구를 바탕으로 삼고 자신의 비체계적인 관찰을 활용해
몇 가지 가설을 구체화한 다음 그런 생각들에 대한 검증을 시
도했다. 캔터는 공동체 간의 차이에서 비롯된 결과가 공동체
주변 사회들 간의 차이에 파묻히는 일을 피하기 위해 비교적
짧은 기간 내에 같은 국가에서 형성된 공동체들에 초점을 맞
추었다. 이 경우, 연구대상은 1780년과 1860년 사이 미국에
서 형성된 공동체들이었다. 캔터는 그런 공동체 90개를 찾아
내는 데 성공했다. (당시에 보통 한 세대로 간주되던) 25년 동안
살아남은 '성공' 사례가 11건, 같은 기간에 지속되지 못한 '실
패' 사례가 79건이었다. 모든 성공 사례에서 나타나고 실패 사
례에서는 전무한 특징은 존재하지 않았지만 성공 사례에서는

흔하게, 실패 사례에서는 드물게 나타나는 특징은 몇 가지 있다는 게 캔터의 결론이었다. 성공 사례들은 구성원들에게서 상당한 희생(성생활, 음주, 가무 등의 절제)을 요구했다. 이들은 공동체의 선한 사람들과 전 세계 나머지 사람들을 확실하게 구분해주는 세계관을 가지고 있었다. 또한 이들은 구성원 자격을 아주 엄격하게 정의하고 철저하게 검증했다. 성공 사례의 신입 구성원들은 엄청난 시간과 돈을 투자하여 헌신을 입증하라는 요구를 받았으며, 이에 따라 공동체에서 이탈하는 것은 손해가 막심한 일이 되었다. 거의 모든 성공 사례들은 이런 심리를 조장하고 지리적 고립을 통해 구성원과 외부세계의 사회적 분리를 심화시켰다. 캔터는 헌신이란 유토피아 공동체의 형성에 선행하는 신비로운 현상이 아니라는 결론을 내렸다. 오히려 헌신은, 그녀가 '헌신 기제'라고 명명한 것을 찬찬히 활용함으로써 유도해낼 수 있는 사회적 속성이었다.

그때 이후로 연구자들은 캔터의 결론을 조금씩 수정해왔다. 나는 다른 신념체계에 비해 헌신을 유도해내는 데 더 유리한 신념체계들이 있다고 주장했다. 추종자 개개인에게 최고의 권위를 부여하는 정치철학이나 종교는 신과 같은 상위의 힘을 환기시키는 정치철학이나 종교에 비해 구성원들을 조직하기가 훨씬 더 어렵다. 고양이떼 돌보기와 소떼 돌보기의 차이라고 보면 된다. 보수주의적 가톨릭교도들과 개신교도들

은 공동체를 성공적으로 형성할 수 있다. 자유주의적 개신교
도들과 뉴에이지 영성운동 추종자들은 그렇지 않다. 하지만
이 책에서는 캔터가 내린 결론보다도 그녀의 방법론에 더 주
목한다. 캔터는 사회학자들이 자연과학자들처럼 쉽게 실험을
할 수는 없을지 모르지만 상상력을 발휘하면 현실에서 사례
를 찾아 사회적 현상을 단순화할 수 있음을 아주 능숙하게 입
증한다.

사회과학자들은 대규모 사회조사를 통해 일상적으로 이런
일을 한다. 젠더가 정치적 선호에 어떤 영향을 끼치는지 알고
싶다고 해보자. 우리는 다수의 남녀에게 선거에서 어느 쪽에
표를 던졌는지 묻고 답변을 비교할 수 있다. 하지만 거기서 멈
추면 알아낼 수 있는 게 거의 없다. 소득이나 교육 수준, 인종,
종교 같은 다른 특징들도 정치적 선호에 영향을 끼치기 때문
이다. 그러므로 우리는 조사대상 남녀들에게 소득 수준, 정규
교육 이수 기간, 민족적 정체성, 종교 등을 나타내는 꼬리표를
붙일 수 있게 해주는 추가 질문을 던진다. 그러고는 다변량해
석이라는 통계적 방법을 활용하여 이런 특징 중 어떤 것이 단
독으로, 혹은 다른 특징과 결합하여 투표에 가장 큰 영향을 끼
치는지 알아본다.

이런 연구가 이해에 도움을 주는 건 사실이지만 그 결론은
항상 잠정적이며 확률론적이다. 산업사회에서는 노동계급 사

람들이 상류계급 사람들보다 정치적으로 좌편향일 가능성이 높다는 말은 자신감 있게 할 수 있다. 하지만 이런 명제를 자연법칙처럼 간주하기에는 예외가 너무 많다. 1950년대 서구에서는 노동자 대표보다는 사회적 지위가 높은 사람들이 국가 경영을 더 잘해낼 거라고 생각하는, 객관적으로 노동계급에 속하지만 정치성향이 극히 보수적인 '공손한 노동자들'이 발견된다. 1980년대에는 영국의 경우 마거릿 대처가, 미국의 경우 로널드 레이건이 추진한 신자유주의(경제적 자유방임주의, 사회문제에 대한 권위주의) 정책이 부유한 지역의 블루칼라 노동자들에게 강한 지지를 받았다. 우리는 이런 식으로 단순한 예상에서 출발하되 그 예상을 정교화할 필요가 있다는 걸알게 된다. 대강의 직업 유형(육체노동/비非육체노동 등)에 따른 단순한 인구 구분은 투표성향을 결정하는 강력한 요인이아니다. 그렇기에 우리는 계급을 더욱 세분하거나 다른 요소를 추가하지만, 결국 우리의 명제가 절대 확률론 이상으로 나아갈 수 없다는 것을 알게 된다.

어떤 사회학자들에게 이런 실패는 사회적 행동의 원인이라 생각되는 것을 더욱 세련되게 정의하고 식별하고 측정하라는 권고다. 그러한 개선은 무조건 환영할 일이지만, 사회학 법칙 만들기의 실패는 이 학문의 상대적 미숙함보다 훨씬 많은 것들을 보여준다. 과학적 사회학이 성립되고 150년이 지난 지금, "사회학은 아직 초기니까"라는 변호는 다소 옹색하게 들린다. 자료를 더 수집하고 분석해보면 보다 많은 정보를 얻을 수 있겠지만, 사람들은 원자와 같은 존재가 아니므로 인간 행동의 법칙은 결코 발견할 수 없을 것이다.

사회과학은 선택에 따라 행위하는, 지각 있는 존재들을 연구한다. 이 단계에서 우리는 사람들이 과연 어느 정도까지 자유로운지에 대한 익숙한 논쟁에 발목 잡힐 필요가 없다. 인간 행위의 획일성이 어디에서 기인하든(이에 관해서는 나중에 더 다룬다) 그 근원들이 전면적인 구속력을 지니는 건 아니라는 점만 인정하면 된다. 아주 억압적인 체제는 우리가 가진 선택지를 순응 아니면 죽음 두 가지로 축소시킬 수 있겠지만 우리는 죽음을 선택할 수 있다. 이처럼 자연과학의 대상과 인간은 근본적으로 구분된다. 물은 가열되더라도 증발성을 높이지 않겠다고 거부할 수 없다. 압력이 일정하게 유지되는 한, 물은 나흘 동안은 섭씨 100도에서 끓다가 닷새째에는 그러기를 거부할 수 없다. 인간은 그럴 수 있다. 벌레조차도 몸을 뒤집을 수 있다.

이로써 우리는 사회과학에서 설명으로 간주되는 것이 물리학이나 화학에서 말하는 설명과는 다르다는 것을 깨닫게 된다. 우리는 압력, 온도, 증발성이라는 일반적 법칙을 끌어와 주전자의 물이 끓는 이유를 설명한다. 물이 끓기로 **결정**한 것이 아니기 때문에(물은 다른 때에는 끓지 않기로 결정할 수 없다) 물의 의식에 대해 다룰 필요는 없다. 인간 행동의 광범위한 패턴만 식별하고자 할 때는 사회적 특징들을 자연과학의 변수처럼 취급하는데, 예를 들어 비숙련 노동자들은 사업가들에 비해 사회주의에 우호적인 투표를 할 가능성이 높다는 설명을 제시할 수 있다. 하지만 왜 그런지를 **설명**하고 싶다면 그 사람들이 가진 신념, 가치관, 동기, 의도를 자세히 살펴야 한다. 인간에게는 의식이야말로 모든 행위를 추동하는 엔진이기에 사회과학은 자연과학보다 한 걸음 더 나아가야 한다. 화학자는 브롬화합물에서 같은 반응을 반복적으로 발견하면 멈춘다. 패턴을 찾아내는 것이 그러한 탐색의 끝이다. 그러나 사회과학자에게 그건 시작일 뿐이다. 특정 상황에 처한 모든 사람이 항상 특정한 뭔가를 한다는 걸 알아내더라도(우리가 아는 한, 이 정도로 불변하는 패턴은 거의 없다) 우리는 그 **이유**를 알고 싶어할 것이다.

'무엇'과 '왜'라는 두 단어가 자연과학과 사회과학의 차이를 깔끔하게 보여준다. 화학자에게는 이 둘이 같은 것일 수 있다. 화학자들은 적절히 통제된 상황에서 충분한 데이터를 수집함으로써 '무엇'이 일어났는지 확인하면 '왜' 그런 일이 일어나는지도 알게 된다. 하지만 독일의 사회학자 막스 베버(Max Weber)가 충분한 정보를 수집함으로써 종교개혁 중에서도 청교도적 개혁의 확산이 현대 산업자본주의의 부상과 강력하게 연관되어 있음을 자신하게 됐을 때('무엇'의 문제) 그는 단지 첫 발을 내디딘 것뿐이었다. 베버는 청교도들이 왜 현대의 기업적 방식에 유달리 친화적인 태도들을 발전시켰는지 그 이유를 알고 싶어했다. 특정한 종교적 신념이 노동과 소비에 대한 전혀 새로운 태도를 만들어낸 이유를 알고자 했다. 베버는 청교도들의 정신 속에서 그 답을 구했다. 설명하기 위해, 그는 우선 이해해야 했다.

신념이나 가치관, 동기, 의도에 대한 사회학자의 관심에는 자연과학 분야에는 없는 우려가 딸려온다. 바로 인간을 이해하려면 무엇을 하고 있는지에 관한 그들 자신의 시각이나 진술을 어떤 식으로든 얻어내야 한다는 점이다. 나아가 이러한 주장은 한 단계 전에도 적용된다. 다시 말해, 사회학자는 어떤 행위를 이해하기 위해서만이 아니라 이해할 만한 사회적 행위를 찾아내기 위해서라도 동기에 관심을 기울여야 한다. 액체가 기체로 변하는 순간을 규명하기 위해 액체의 정신 상태를 참고할 필요는 없다. 하지만 사람들의 행위는 관찰만으로는 알 수 없다. 달리 말해, 물리적 활동만으로는 충분하지 않다. 사람들이 공공장소에서 상호작용하는 방식에 관심이 있다고 해보자. 그래서 우리는 붐비는 기차역의 테이블에 앉아 관찰하고 메모한다. 하지만 눈에 보이는 것에만 갇혀 있으면 알 수 있는 게 별로 없다. "승강장 저편의 남자가 손을 높이 쳐들어 양옆으로 흔드는" 모습을 발견할 뿐, "한 남자가 막 도착한 승객에게 손을 흔들며 인사한다"고 말할 수는 없다. 그런 설명은 의도를 추측하고 그 추측에 기반해 물리적 행위를 특정한 방식으로 해석하는 것이기 때문이다. 문제의 남자는 사실 찌뿌둥한 몸을 풀거나 혈액순환을 좋게 하려는 것일지도 모른다.

우리는 자신과 같은 문화권에 속한 사람들이 보이는 단순한 행동들에 대해서는 종종 그 의미를 안다고 가정할 수 있다. 예컨대, 나는 기차에서 내리는 사람들을 충분히 봐왔으므로 척 하면 '손인사'를 알아볼 수 있다. 하지만 문제의 행위가 무릎을 꿇고 몸을 굽혔다가 펴며 두 팔을 뻗는 것이었다고 해보자. 베이징에서라면 그것이 운동의 한 형태일지 모른다. 카이로에서는 기도일 수도 있다. 결국 그 행동의 의미를 단정할 수 있는 유일한 방법은 (어떤 방법을 쓰든 간에) 그 사람에게 "뭐하고 계십니까?"라고 묻는 것뿐이다. 행위를 알아보는 데만도 의도에 대한 관심이 필요한 것이다.

그 행위를 설명하기 위해서는 더욱 그렇다. 사회학자들은 결국 어떤 식으로든 사람들에게 동기와 의도를 묻게 된다. 하지만 질문을 던지고 받는 행위는 그 자체로 사회적 상호작용의 일부다. 사람들이 내놓는 진술은 고의적 허위일 수 있다.

사람들은 거짓말을 한다. 더 흔한 경우, 진술은 과거의 동기를 재구성하려는 정직한 시도인 동시에 지금의 이익을 추구하려는 현재 활동인데 그 두 가지가 별로 구분되지 않을 수 있다.

몇몇 상황에서는 왜곡이 유난히 두드러진다. 피고인이 평결이나 선고 전에 법정에서 하는 말과, 무죄가 확정되거나 운 좋게 구류형을 면한 뒤 친구와 가족들에게 하는 말이 상당히 다를 것은 분명하다. 발화자의 이해(利害)가 그 발화의 결과에 달려 있는데다 법정 자체가 유독 양식화된 방식으로 이야기를 전하도록 요구하기 때문이다. 변호사가 증인들을 코치해줄 수 있다는 걸 생각해보면 법정 증언에 표준적인 형태가 있음을 알 수 있다. 법정에서 하는 말은 항상 거짓이고 비공식적인 이야기가 항상 참이라는 게 아니다. 진술 행위 자체가 맥락이나 이해관계에 따라 형성되는 새로운 사회적 행위라는 뜻이다. 진술은 과거의 행위에 대한 단순한 설명이 아니다.

또다른 사례는 신앙 간증에서 찾아볼 수 있다. 개심자들 사이에서는 각자의 개심 경험을 전함으로써 신앙을 '간증'하는 것이 일반적이다. 겨우 몇 건만 들어봐도 이런 간증이 공통적인 형식을 따른다는 걸 알 수 있다. 독실한 부모들이 올바른 길을 걷게 해주려고 최선을 다했지만, 신앙 속에서 양육된 개심자는 세상의 유혹이 너무 강해 결국 죄악으로 가득한 인생을 살게 된다. 뭐든 그 삶이 주었던 쾌락은 점점 악화된다. 몇

몇 위기(보통 성녀에 가까운 어머니 등 사랑하는 사람의 죽음)가 개심자를 '죄악에 대한 회오각성'으로 이끈다. 미국 개신교도들은 자동차 여행 이야기를 아주 좋아한다. "그날 밤 집으로 차를 몰고 가던 저는 짓눌러오는 죄의 무게를 느꼈습니다. 죽으면 지옥에 가게 되리라는 걸 깨달았습니다. 저는 차를 세우고 예수님께 제 삶에 임하여 주십사 기도했습니다." 날짜, 시간, 장소가 진술된다. 이런 이야기의 마지막 문단에서 개심자는 주님께 자신을 의탁한 이후 인생이 얼마나 나아졌는지 이야기한다. 물론, 이런 간증들이 형식상 매우 유사한 까닭은 묘사하려는 이면의 진실이 유사하기 때문일 수도 있다. 하지만 복음주의 개신교 문화권에서 성장한 사람이라면 누구든 이런 이야기를 수백 가지나 들어보았을 것이다. 이 점을 생각하면, 이런 유사성이 내러티브 형식의 인기에서 기인했을 가능성은 언제나 있다. 즉, 잘 알려진 내러티브가 사람들이 인생을 경험하는 방식을 만들어낸다.

　나는 북아일랜드의 영국 귀속파(Loyalist) 준(準)군사집단들을 면접조사하면서 이런 문제를 반복적으로 겪었다. 어떤 사람들은 오랜 세월 경찰 취조에 저항하느라 과묵함이 몸에 배서 그런지 테러 범죄에서 자신들이 수행한 역할을 일부러 축소했다. 또다른 사람들은 중간 계급 학자를 놀라게 하는 게 즐거웠는지 자신들의 범죄를 과장하거나, 또는 업적을 자랑하고 싶은 마음이 지나친 나머지 그가 저지른 일이 아니라는 걸 내가 알고 있는데도 문제의 살인사건이 자기 소행이라고 주장하기도 했다. 면접조사라는 행위 자체가 수집하려는 증거를 왜곡시키는 이런 문제는 범죄처럼 민감한 주제를 연구할 때만 발생하는 게 아니다. 이 문제는 모든 종류의 사회조사에 만연해 있는데, 무엇보다 조사라는 행동이 새로운 변수들을 도입하기 때문이다.

한 가지만 예를 들어보자. 과거에는 여론조사원들이 응답자들에게 이런저런 일에 관해 어떻게 생각하는지 물은 뒤, 다름 아닌 그 질문 때문에 응답자들이 전혀 알지도 못하고 관심도 없는 문제들에 대한 의견을 낼 수 있다는 사실을 고려하지 않고서 그들의 답변을 들어보곤 했다. 한번은 캘리포니아에서 여론조사를 진행하면서, 다가오는 총선에서 제기될 이슈라며 완전히 날조된 문제에 관한 질문을 슬쩍 끼워넣었다. 응답자들은 "스니보 수정조항에 대해 들어보셨을 겁니다. 이에 관해 어떻게 생각하십니까?"라는 질문을 받았고 평범한 선택지들이 주어졌다. 사람들은 대부분 이 수정법안에 찬성이든 반대든 자기 입장을 분명하게 밝혔다. 적극 찬성한다거나 하는 사람도 많았다. 응답자들은 조사원의 질문에 대해 아예 모른다고 답하면 바보처럼 보일 거라고 느꼈거나 어떻게든 도움을 주고 싶었던 것인지도 모른다. 여론조사라는 상호작용의 속성 때문에 확실한 답을 내놓는 습관이 응답자들에게 생겼고, 그 바람에 응답자들이 관성에 따라 열차 궤도의 어긋난 부분을 못 보고 지나친 것일 수도 있다.

이처럼 사람들의 말과 실제 행동이 다른 이유로는 네 가지가 있을 수 있다. 첫째, 응답자들이 자신의 동기를 떠올리지 못하거나 이해하지 못할 수 있다. 둘째, 응답자들은 기억도, 이해도 아주 잘하고 있지만 고의로 답변을 꾸며낼 수 있다. 이에 관해, 19세기의 사업가 존 피어폰트 모건(John Pierpont Morgan)은 교양 있고 훌륭한 사람으로 보이고 싶은 욕망을 다음과 같은 말로 정확히 표현했다. "모든 행동에는 두 가지 이유가 있다. 좋은 이유와 진짜 이유다." 셋째, 응답자 개인의 자기이해 수준이나 정직해지려는 의지와는 별개로 진술 배경이 아주 강한 영향력을 행사하는 경우가 있다. 이럴 때는 응답자들이 예전에 했던 생각에 대해 하는 말을 그대로 믿을 수 없다. 실제로는 서로 다른 이야기들이 한데 뭉뚱그려져 똑같은 이야기로 보이게 되기 때문이다. 신앙 간증이 그 예시다.

둘째와 셋째 사이에 넷째 이유가 있다. 바로 집단적 꾸며내기다. 동일한 집단에 속한 사람들은 그 집단의 구성원들에게만 충분한 이유로 보이는 동기들을 내부적으로 공유하되, 공적인 설명을 제시할 때는 좀더 받아들여지기 쉬운 변명을 동원하는 경우가 종종 있다. 예컨대 의사들은 비용이 많이 드는 신장부전이나 폐암 치료법을 쓸 때 나름의 비공식적인 도덕 기준을 가지고 **치료를 받을 자격**이 있는 환자가 누구인지 결정했으면서도(예를 들어 알코올 중독자나 흡연자를 선택하지는 않을 것이다) 다른 사람들에게는 그때그때 달라지는 치료 성공률만 고려했다고 주장함으로써 실제 사고과정에 대해 변명해야 하는 상황을 회피할 수 있다.

어떤 행동의 진짜 이유와 그후의 설명이 맺는 변덕스러운 관계에 대해 우리가 보일 수 있는 한 가지 반응은 해럴드 가핑클(Harold Garfinkel)이 "머릿속에서 벌어지는 일"이라고 폄하했던 것들을 이해하려는 노력을 아예 포기하는 것이다. 가핑클의 보다 급진적인 제자들은 이해라는 단어를 통상적인 의미로 쓴다면 사람들을 이해하는 건 불가능한 일이라고 주장했다. 우리가 할 수 있는 일은 진술의 역학관계를 탐구하는 것뿐이라는 얘기다. 즉, 우리는 법정에서 오가는 이야기의 형식구조를 분석할 수는 있어도 그 이야기를 활용해 유죄 여부를 가릴 수는 없다. 신앙 간증도 마찬가지다. 우리는 오케스트라가 연주하는 음악을 분석하듯 신앙 간증을 분석할 수 있지만 그 내용을 개심을 설명하는 자료로 활용할 수는 없다.

정당화하기 어려운 비관적 결론이다. 물론 사회학에는 오해를 불러일으키는 불순물에서 이해를 가능하게 하는 정보를 걸러내는 간단한 마법 같은 건 없다. 하지만 법원은 이따금씩 진실에 도달하고, 유능한 심문자들은 모호한 변론에서 구멍을 찾아내며, 연인들은 기만행위를 알아차리고, 여론조사원들은 소위 '순응효과'(compliance effect)를 극복할 방법을 찾아낸다. 예컨대 "다음 중 지난 주말에 한 행동은 무엇입니까?"라고 묻고 스포츠, 쇼핑, 친지 방문, 영화 관람 등이 들어간 긴 목록 안에 종교 활동이라는 항목을 끼워넣으면 "지난 주말에 종교 활동에 참여하셨습니까?"라고 직접 물을 때보다 종교 활동을 했다는 응답이 적어진다. 사람들의 말에서 진실을 추출하는 단 하나의 확실한 기술이 없다고 해서 예상되는 문제들을 피할 창의적인 방법들을 고안하지 못한 채 늘 실패해야만 하는 건 아니다. 일반인들이 다른 사람의 말에서 타당한 결론을 이끌어낼 수 있다면 사회과학자라고 그러지 못할 이유가 있을까?

지금까지는 자연과학과 사회과학의 차이점을 언급하면서 사회과학의 불리한 점을 논했다. 하지만 반대 주장도 가능하다. 노련한 경주마 조련사들은 자기가 말의 처지에서 생각할 수 있다고 자신할지 모르지만 그건 일종의 비유다. 반면에 사회과학자들은 연구대상과 생물학적으로, 심리학적으로, 문화적으로 엄청나게 많은 것들을 공유한다는 크나큰 이점을 가지고 연구에 착수한다. 나는 테러 조직에 가입한 적도 없고 중범죄를 저지른 적도 없으며 암살당하거나 체포당할 확률을 최소화하는 방향으로 인생계획을 세운 적도 없다. 하지만 내 경험 속에서도 강한 애착을 가졌던 명분, 두려움이나 분노를 일으킨 사건들, 자랑스러운 행위와 수치스러운 행위 등은 발견된다. 외국인처럼 멀게만 보이는 대상을 연구할 때에도 인간성이라는 우리의 공통점은 무수한 경계선을 가로지를 수 있게 해준다. 십자군 전쟁에서 살아 돌아오면 예배당을 짓겠다고 맹세하는 중세의 기사, 바다로 나가기 전에 주술적인 의례를 치르는 트로브리안드제도의 어부, 경기장에 나가면서 성호를 긋는 이탈리아의 축구선수가 하는 행위들은 무척 유사하다. 시간여행을 통해 서로를 만나게 해주면, 이들은 분명 상대방이 마음을 다잡으려고 신에게 비는 의례를 수행하고 있음을 이해하게 될 것이다.

우리는 서로를 이해하지 못할 경우, 대개는 그 사실을 알아차리고 오해를 없애려고 노력한다. 분석 때 실험을 할 수 없다는 사회과학의 약점은 연구대상과의 폭넓은 대화를 지속할 수 있다는 강점으로 충분히 보상된다. 실험으로는 테러범들의 이력에 대한 가설을 검증할 수 없지만 응답자들에게 직간접적으로 그 가설을 제시해볼 수는 있다. 나 자신에 대한 이해를 통해 사회과학적 설명을 개략시험(rough test)하는 것도 가능하다. 나 자신에게 적용했을 때 타당해 보이지 않는 설명을 타인에게 적용할 때는 늘 신중을 기해야 한다.

요약

우리는 자연과학과 인간과학의 연구대상에 어떤 차이점이 있는지 제대로 이해해야 한다. 사람들은 생각하고 느낀다. 불변의 법칙이 아닌 신념, 가치관, 관심, 의도에 따라 행동한다. 이런 간단한 사실 때문에 사회학자는 사회연구가 화학자나 물리학자의 연구와 비슷해 보이는 경우에도 항상 한 걸음을 더 내디뎌야 한다. 사회학자들이 생각하는 설명은 사회적 행위의 규칙적 패턴을 찾아내는 데서 그치지 않는다. 사회학적 설명에는 이해가 필요하다. 단, 과학자들이 하는 작업과 그 이유를 선언하는 강령의 높은 기준에 그들이 실제로 얼마나 부합하는지는 의문스러울지라도, 자연과학이 지식 습득을 위한 모범적인 방법을 제공한다는 점을 의심할 필요는 없다. 비판적 사고, 정직하고 성실한 증거 수집, 아이디어의 내적 일관성 및 이용 가능한 최선의 증거와의 적합성 검증, 주장을 지지하기보다 반박하는 증거에 대한 탐색, 이데올로기적 몰입으로 제약당하지 않는 공개적 의견 교환과 자료 교환 등은 모두 사회과학에 긍정적 영향을 줄 수 있으며 마땅히 그래야 한다.

제 2 장

사회적 구성

사회학의 정의

대부분의 학문 분과는 그 분과의 관심사나 기본 가정에 따라 정의된다. 예를 들어 경제학자들은 경제를 연구하며, 인간 행동의 기본 원칙은 '효용성을 극대화'하려는 욕망이라고 가정한다. 두 가게에서 똑같은 제품을 서로 다른 가격으로 판다면 우리는 더 저렴한 제품을 살 것이다. 경제학자들은 이런 간단한 가정으로 점점 더 복잡한 그물을 짠다. 예컨대 밀의 가격이 계속 떨어지면 밀에 대한 수요가 증가하고, 가격이 오르면 농부들이 밀을 더 많이 생산할 거라고 가정한다.

마찬가지로 사회학도 사회 구조와 사회 제도에 대한 연구라고 설명할 수 있다. 사회학적 연구의 주제는 보통 현대 사회의 계급구조, 가족, 범죄와 일탈행위, 종교 등등으로 나뉜다.

하지만 연구대상을 나열하는 것만으로는 사회학적 연구의 독특한 방식이 무엇인지 전혀 알 수 없다. 사회학의 이런 수많은 실제적 지식을 엮어주는 중심적인 실타래는, 현실이란 어디까지나 사회적으로 구성되는 것이며 우리의 행동에는 숨겨진 사회적 원인이 있고 사회적 삶의 많은 부분은 본래 모순적이라는 것이다.

인간은 문화를 창조한다

다윈의 진화론이 대중문화에 스며들었을 때는 인간을 그저 덩치 크고 영리한 동물로만 보기 일쑤였다. 20세기 초에는 인간의 행동을 본능으로 설명하는 방식이 인기였다. 유전자 지도로 몇몇 질환을 설명할 수 있게 된 21세기 초에는 인간의 행동이 생물학적으로 결정된다는 생각이 다시 인기를 얻고 있다.

극단적인 생물학적 결정론을 반박할 손쉬운 방법 중 한 가지는, 인간이 의도적으로 본능을 거부하는 수많은 사례를 지적하는 것이다. 인간은 살아가려는 의지를 가질 수도 있지만 자살할 수도 있다. 재생산하려는 의지가 있을 수도 있지만 아이를 낳지 않기로 하고도 보람 있는 인생을 살아가는 여성들 또한 존재한다. 성 충동도 있을 수 있지만 성적 금욕도 가능하다. 본능에 따르는 것처럼 보이는 행동들도 문화에 따라 상당히 달라지는 걸 보면 생물학적 결정론은 더욱 근거가 약해진다. 사람들은 자살을 할 뿐 아니라 사회에 따라 다른 자살률을 나타낸다. 자녀를 갖지 않는 비율과 금욕을 하는 비율도 사회마다 다르다. 본능도 삶에 영향을 줄 수 있겠지만 그 영향은 문화에 따라 복잡하게 달라진다.

그럼에도 생물학에서 출발하는 게 유용하다면, 그건 동물은 삶의 대부분이 생물학적으로 결정되는 데 비해 인간은 그렇지 않은 정도를 제대로 이해한다면 문화가 얼마나 중요한지 알 수 있기 때문이다. 개미들은 선두 개미를 따라갈지 말지 심사숙고하지 않는다. 선두 개미를 따라가는 건 개미의 유전자 속에 이미 계획된 일이다. 어느 산부인과에 갈지 고민하는 여성들과는 달리, 연어는 재생산하기 좋은 곳이 어디인지 생각하지 않는다. 자동적으로 자신들이 부화한 곳으로 돌아와 알을 낳을 뿐이다. 반면에 인간은 생물학에 따라 행동하는 경우가 거의 없다. 그래서 개인 차원에서는 자기관리의 문제가, 집단 차원에서는 협동의 문제가 생긴다. 나중에 다시 언급하겠지만, 다음의 내용은 이미 해결된 문제들을 제기한다는 점에서 인위적이다. 하지만 우리는 가상의 문제들을 생각함으로써 해결책의 중요성을 제대로 이해할 수 있다.

아르놀트 겔렌(Arnold Gehlen)은 '세계개방성'(world-openness)

이라는 용어를 써서 인간의 조건이 갖는 어마어마한 잠재력과 다른 동물들이 누리는 제한적 기회를 대조적으로 보여주었다. 황소는 먹고 걷고 뛰어다니고 서로 머리를 부딪치거나 발정기의 암소와 짝짓기를 할 수 있다. 그게 거의 전부다. 황소들은 환경의 제약을 초월할 수 없다. 인간은 얼어붙은 황무지에서 원유를 시추할 수 있다. 알래스카의 빙하 근처에 마을을 조성해놓고서 따뜻한 물로 목욕을 즐기고 난방이 되는 영화관에서 영화를 볼 수 있다. 우리는 **할 수 있는** 일이 너무 많아서 **해야만 하는** 일에 대한 지침이 없으면 결정 장애로 혼란을 겪었을 것이다. 그래서 우리는 일과를 만들고 습관을 형성해 선택지를 단순화한다. 한번 통했던 방법이 이후에 할 행위의 본보기가 된다. 우리는 날마다 거의 같은 시간에 일어나고 같은 음식을 먹고 비슷한 옷을 입는다. 할 수 있는 일을 대부분 무시하고 나머지 대부분을 습관으로 취급한다. 그렇게 우리의 세계에는 작은 부분만이 생각해보고 선택한 행위의 영역으로 남겨진다.

그러나 우리는 습관을 통해 세계개방성을 나름대로 관리할 수 있는 수준으로 축소시킨 다음에도 프랑스의 사회학자 에밀 뒤르켐(Émile Durkheim)이 밝힌 타고난 불안(restlessness)으로 엉망이 된다. 뒤르켐은 "모든 생명체는 자기 욕구에 적합한 수단 없이는 만족감을 느낄 수 없을 뿐만 아니라 존재할 수도 없다"는 명제에서 출발한다. 대부분의 동물은 '자연적 자발성' (automatic spontaneity)을 통해 그 균형을 맞춘다. 개미의 목표는 단순하며 생물학적으로 결정되고, 그 목표를 이루는 정도는 개미가 처한 환경에 따라 정해진다. 개미는 만족하거나 죽는다. 불행한 개미나 답답해하는 개미는 터무니없다. 뒤르켐은 이렇게 표현한다.

> 동물은 생존에서 초래된 자원의 공백이 메워지면 만족할 뿐 그이상을 요구하지 않는다. 동물은 신체적 특성에 내재된 것 이상의 목표를 상상할 만큼 사고력이 발달되어 있지 않다. (…) 인간은 다르다. 인간의 욕구는 대부분 신체에 의해 좌우되지 않는다. 설령 좌우된다 한들 그 정도가 동물과 다르다.

인간은 본능적·환경적 통제로부터 자유롭기 때문에 아무리 많은 것을 얻거나 이루더라도 항상 더 많은 것을 가지고 싶어하거나 가지지 못해 안타까워할 수 있다. 사실, 성공은 욕심을 더욱 키우는 것처럼 보인다. 나는 교통수단이 필요했다. 오랫동안 돈을 모아 작고 낡은 자동차를 한 대 샀다. 잠깐은 만족스러웠다. 하지만 곧 다른 모든 자동차들에 추월당하는 게 분하게 느껴졌고 더욱 성능 좋은 자동차를 갖고 싶어졌다. 그런 자동차를 갖게 되자 한 대 더 갖고 싶어졌다. 고속도로 주행에 어울리는 세단과 울퉁불퉁한 시골길을 달릴 사륜구동 자동차 말이다. 이런 식의 좌절은 전통적 제약이 줄어들면서 생긴 현대의 문제이기도 하다. 어느 정도는 광고 때문에 욕심이 자극된 결과라고 볼 수 있다. 하지만 한편으로, 이런 문제는 보편적이다. 20세기 초에 뒤르켐이 쓴 글은 물질적인 재산만이 아니라 비물질적인 목표에도 해당되는 것이다.

인간이 행동하고 움직이고 노력하며 기쁨을 느끼는 까닭은 그런 노력이 헛되지 않았고 한 걸음 한 걸음이 모두 전진이었다고 인식하기 때문이다. 하지만 목표가 없다면 전진은 불가능하다. 목표가 무한일 때도 마찬가지다. 현재 위치와 목표 사이의 거리가 항상 같으므로 어느 방향으로 움직이든 전진하지 못하는 셈이다. 뒤를 돌아보며 지금까지 걸어온 거리에 자긍심을 느낀다 한들, 앞으로 가야 할 길이 그에 비례해 줄어든 게 아니므로 만족감은 기만적이다. 성취할 수 없을 게 자명한 목표를 좇는 사람은 영구적인 불행에 빠진 셈이다.

해결책은 **조절**(regulation)이다. 무얼 욕심내도 되는지, 그 욕심을 채우기 위해 써도 되는 방법이 무엇인지 구체적으로 정해주는 도덕적 강제력, 다시 말해 공통의 문화가 인간에게는 생물학적 구속을 대신한다. 겔렌의 말마따나 인간은 '본능의 결핍'(instinctual deprivation) 때문에 생긴 틈을 메우기 위해 사회적 틀을 만들어낸다. 그런 틀 중 일부는 형식법으로 정해질 수 있지만 많은 부분은 관습으로 남는다. 그 어떤 법률도 관리직에 종사하는 화이트칼라 노동자들은 짙은 색 정장을 입어야 한다고 규정하지 않는다. 하지만 고위직 임원이 되고 싶어하는 사람들은 옷 입는 방법을 알고 있다. 가장 효과적인 경우, 구속복은 외부의 신체만이 아니라 내면의 정신에까지 입혀진다. 우리는 문화 속에서 사회화되고, 이에 따라 문화의 중요한 요소들이 우리의 성격에 새겨진다.

인간이 만족감을 느끼는 데에 문화적 틀이 얼마나 중요한지 아는 사람이라면 그와 같은 틀이 세계개방성의 셋째 문제, 즉 공동 행위를 둘러싼 협력 문제에 얼마나 중요한지 더욱 분명히 알 수 있을 것이다. 개미와 벌의 경우에서 보듯, 의사소통과 협동이 생물학적으로 일어날 때는 어려울 게 없다. 개미는 다른 개미가 보내는 신호를 해석할 필요가 없다. 개미는 분비물에 자동적으로 반응한다. 벌들은 벌집에서 어떤 벌에게 무슨 역할을 맡길지 정하는 것과 같은 복잡한 문제도 토론해서 정하지 않는다. 여왕벌이 죽으면, 여왕벌로 만들어주는 유전물질을 알에게 먹이는 방식으로 자동적으로 반응한다.

역할

인간 사회에서는 아무것도 생물학적으로 결정되지 않는다. 나이가 들면 우리 모두 몸이 약해지지만 노인에게 부여하는 위신과 권력은 문화마다 다르다. 출산은 어머니가 되는 필요조건이지 충분조건은 아니다. 사람들은 어머니들이 모성애를 보여주면서 그에 부합하는 방식으로 행동하기를 기대한다. 어머니의 **역할**을 결정하는 규범과 법칙을 한 무더기 처방한다. 조금 전으로 돌아가보면, 사회적 역할이 생물학적 기반과 아무런 상관도 없다는 점이 입증된다. 출산은 어머니가 되는 충분조건이 아닐 뿐 아니라, 입양이나 위탁육아의 사례를 통해 알 수 있듯 필요조건마저 아니다.

문화마다 어머니, 아버지, 충실한 자녀에게 기대하는 내용은 조금씩 다르다. 하지만 어느 문화에서나 행동은 역할의 **상호적** 성격에 따라 조율된다. 남편과 아내, 부모와 자식, 고용주와 피고용인, 웨이터와 손님, 교사와 학생, 장군과 병사 등은 모두 상대와의 관계 속에서만 존재한다. 그러고보면 '역할'이라는 용어는 특히 적절하다. 배우가 연극에 출연할 때도 역할이라는 단어를 쓰기 때문이다. 사회적 삶과 연극의 비유는 둘다 어떤 법칙(연극의 경우 대본)에 따라 좌우되는 여러 사람의 합작품이라는 사실을 잘 보여준다. 사회적 삶은 사람들이 각자의 역할을 수행〔영단어 perform을 옮긴 것으로, 원래 이 말에는

특정한 역할을 '수행하다' 혹은 '연기하다'라는 뜻이 있다―옮긴이)
할 때만 발생하며(사랑하며 평화롭게 살아갈 때만이 아니라 전쟁
을 벌이고 갈등할 때도 그렇다) 그런 역할은 쇼 전체에 비추어볼
때만 말이 된다. 연극의 비유는 배우들이 예술적 파격을 일으
킬 수 있다는 점도 상기시킨다. 우리는 주어진 역할을 그대로
연기하거나 장폴 사르트르의 다음 인용문에서처럼 과장하듯
연기할 수도 있다.

> 어느 카페의 웨이터를 생각해보자. 그는 동작이 재빠르고 나서기
> 를 좋아하며 약간 과할 정도로 정확하고 또 약간 지나치게 신속
> 하다. 그는 좀 지나치게 빠른 걸음으로 손님들에게 다가간다. 좀
> 지나치게 허리를 숙인다. 그의 목소리와 눈에서는 손님의 주문에
> 좀 지나치게 세심한 관심을 쏟는 티가 난다. 마침내 그가 돌아온
> 다. 걸음걸이는 뻣뻣한 자동인형을 모방한 듯하고 쟁반을 든 모
> 습은 줄타기 곡예사처럼 무모하다. (…) 그의 모든 행동이 우리에
> 게는 게임처럼 보인다. (…) 그런데 이 게임에서 그가 하고 있는
> 역할은 뭘까? 오래 지켜보지 않아도 설명할 수 있다. 그는 카페의
> 웨이터 역할을 하고 있다.

미국의 사회학자 어빙 고프먼(Erving Goffman)의 사회적 분
석은 연극으로서의 사회적 삶이라는 비유를 정교하게 만드는

데 큰 영향을 끼쳤다. 인간은 오직 역할을 수행할 때에만 성격을 드러낼 수 있다는 주장이 특히 강력해 보인다. 악하거나 선한 것만으로는 충분하지 않다. 악하거나 선하게 보이려면, 우리는 그런 역할을 연기해야 한다.

우리가 연기하는 역할과 그 이면의 자아를 구분하는 일에 관해서는 나중에 더 논하겠다. 여기서는 역할 중에도 비교적 더 강한 몰입을 요구하는 역할들이 있다는 점만 짚어두도록 하자. 어떤 웨이트리스가 자신은 웨이트리스 이상의 존재라는 걸 보여주려고 일부러 형편없이 자기 역할을 연기한다 해도 그리 놀랍지는 않을 것이다. 하지만 자기 역할을 장난처럼 연기하는 아버지는 놀랍고 불쾌하다. 또 어떤 역할들은 다른 역할들에 비해 광범위하고 심대한 영향을 끼친다. 누군가를 사제나 신앙치료사라고 말하면 버스 운전기사라고 말할 때보다 훨씬 많은 것들을 전달하게 된다. 여기에서 내가 하고 싶은 주장의 핵심은 강력한 생물학적 연결고리가 없는 상태에서 인간의 행동을 조화시키는 것이 바로 상호간의 역할이라는 점이다.

질서와 사회

내 논리가 얼핏 비슷해 보이는 다른 주장들과 혼동되는 것을 막고자 이야기 한 가지를 덧붙이고 싶다. 뒤르켐과 겔렌을 비롯해 질서와 규제의 사회적 이점에 주목하는 사람들을 정치적 보수주의자로 본다면 그건 오해다. 이들이 오직 안정에만 관심을 가지고 있었다고 보는 건 핵심을 놓치는 일이다. 보수적이건 진보적이건, 반동적이건 혁명적이건 모든 인간 행위에는 기본적 질서가 필요하다. 토머스 홉스(Thomas Hobbes)는 외적 힘으로 예(禮, civility)를 강제하지 않으면 사람들이 공동선을 해치면서까지 자기 이득을 추구할 거라고 우려했다. 내가 하려는 주장은 그런 이기적 행동에도 상당한 수준의 공동 문화가 필요하다는 것이다. 무정부주의자들 역시 자기 성격을 안정시키고 타인과 소통하고 적을 이해해야 하는 건 마찬가지다.

동물은 본능을 통해 삶을 관리하지만 우리는 사회 제도를 만들어 그렇게 한다. 우리는 행위를 규칙화하고 그 내용을 무대의 '배경막'에 그려두거나 대본에 써넣음으로써 개인이나 집단이 당황하지 않고 관리할 수 있는 작은 분야를 창의적 즉흥성이나 의식적 선택의 영역으로 남겨둘 수 있다.

그러나 인생의 많은 부분을 남들이 밟아온 길에 내맡길 때의 이점은 차분한 성찰을 통해서만 드러날 뿐이다. 현대인들은 주기적으로 인생의 몰개성성과 예측 가능성에 답답함을 느낀다. 우리는 종종 자기가 수행하는 사회적 역할과 진짜 '자기'를 구분하려고 노력한다. 사르트르의 웨이터가 그렇듯 우리도 관객에게 우리가 지배인, 공무원, 버스 운전기사, 아버지, 충실한 배우자라는 역할 이상의 존재이며, 그 역할을 벗어나 더 나은 무언가가 될 수 있다는 걸 보여주는 방식으로 각자의 역할을 연기한다. 취미, 휴일, 주말여행을 통해 일상이라는 중요한 현실에서와는 다른 페르소나를 만들어낼 수도 있다.

하지만 이런 탈출조차도 일상적이고 반복적이다. 공유되는 관습의 중요성에 대한 겔렌의 주장을 더욱 강화시켜주는 사례다. 양들이 천연덕스럽게 가장 덜 힘든 길을 따라 언덕을 빙빙 도는 것처럼 보이듯, 우리의 삶은 관습에 급진적이고 용감하게 저항한다고 생각할 때조차 다른 사람들이 이미 걸었던 길을 따르는 경향이 있다. 중년의 사업가는 아내와 가족에게 싫증을 느끼고 비서와 가벼운 바람을 피우며 자신의 자율성(과 젊음)을 회복하려 들 수 있다. 그는 따분하고 평범한 것을 벗어나 낭만적 대안을 찾아낸 대담한 발견자라도 된 양 굴지만 실상은 그저 닳고 닳은 또하나의 대본을 받아들였을 뿐이다. 로리 테일러와 스탠리 코언의 비유에 따르면, 그는 교도소 담벼락을 넘으며 잠시 자유로워졌다고 상상하지만 사실은 다른 교도소의 운동장에 떨어진 것이다.

문화의 견고함

이 말은 현실이 사회적으로 구성된다는 생각을 발전시킨한 사례다. 인간 행위의 규칙적 패턴이 우리가 가진 생물학적 공통점에 기인한다고 보는 사람들과 반대로, 사회학적 관점을 취하는 사람들은 인간의 세계가 동물의 세계와 달리 개방되어 있고 어쩌면 형성조차 되지 않은 것일지도 모른다는 점을 지적하는 데서 출발한다. 그러니까 우리가 발견하는 패턴(이런 패턴은 심리적·사회적 안정을 유지하는 데 필수적이기에 자주 발견된다)은 문화의 산물이다. 사람이 만들었다는 뜻이다. 그리고 문화는 생물학으로 환원시킬 수 없다.

이 주장을 사뭇 중요하게 각색한 견해가 있다. 객관적 자극이 우리의 행동에 연관되어 있을 때조차 우리의 행동에 실제로 영향을 끼치는 것은 그 자극에 대한 우리의 해석이라는 견해다. 술에 취하는 방식을 떠올려보자. 오스트레일리아의 원주민 농부, 뉴욕의 사업가, 스코틀랜드의 의대생, 이탈리아의 아이가 신체적으로 나타내는 알코올 대사(代謝) 방식에 중대한 차이가 있을 가능성은 낮다. 하지만 술을 마셨을 때 이들이 행동하는 방식에는 큰 차이가 있다. 주취자에 대한 태도는 문화마다 다르다. 하지만 단지 그 얘기를 하려는 건 아니다. 에든버러에서 업무 겸 점심식사를 하는 사람은 일주일 동안 북대서양에서 시달리고 돌아온 어부들에게 일어날 법한 일을 예상하지 않는다. 내 말은 문화의 덮개란 아주 두꺼운 것이라서, 사람들은 술의 효과를 저마다 다르게 **예상**하고 그 결과 실제로 다른 느낌을 받는다는 것이다. 똑같은 양의 술이라도 어느 맥락에서는 비틀거림, 횡설수설, 실없는 낄낄거림의 원인이 되지만 다른 맥락에서는 조용한 사색과 평온한 감정을 자아낸다. 다시 말해, 우리는 무엇을 예상해야 하는지를 학습하고 대체로 예상한 것을 보게 된다. 하워드 베커(Howard Becker)가 영향력 있는 소논문「대마초 흡연자 되기」에서 주장했듯, 사람들은 객관적으로 동일한 감각을 황홀하다거나 역겹다고 해석할 수 있다. 후자보다 전자를 학습하는 것이 대마초 흡연자가 되는 요인 중 하나다.

이렇게 해서 나는 사회학 초심자들이 매우 어려워하는 지점에 이르렀다. 세상을 실제적인 부분과 상상된 부분으로, 객관적인 외부의 현실과 주관적인 내면의 풍경으로 나누는 건 매력적인 일이다. 말재간이나 유머 감각이 부족했던 내 제자 한 명은 조현병에 관한 생물학적 설명을 비판하는 견해들을 "즉, 정신질환은 전부 마음속에서 일어난다는 걸 알 수 있다!"는 말로 요약했다. 그럴 수도 있겠지만 사회학자들이 관심을 두는 영역은 '전부 마음속'에 있는 것도 아니고 우리의 의식 외부에 있는 것도 아니다. 그 영역은 상호주관적 (intersubjective)이다. 상상에 참여하는 사람이 충분히 많다면 그 상상은 객관적 세계와 구분되지 않는 지속적이고 억압적이기까지 한 현실을 만들어낼 수 있다. 우리가 우리 자신의 행위를 설명하는 방식을 고찰한 미국의 사회심리학자 윌리엄 토머스(William Thomas)는 사람들이 어떤 상황을 현실이라고 정의하면 그 결과는 현실이 된다고 했다. 집에 불이 났다고 믿는 사람은 집에서 도망칠 것이다. 집이 불타 무너지지 않으면 그가 틀렸다는 사실이 입증되겠지만, 그의 행위를 이해할 때 중요한 건 그의 생각이지 진실이 아니다.

종교 등의 사회 제도를 생각해보면 이 주장이 훨씬 큰 규모로도 적용된다는 걸 알 수 있다. 사회학자들은 어떤 종교가 옳은지, 옳은 종교가 있기는 한지 판단하는 일에 관심이 없다. 우리는 수백 가지 종교가 있고 그중 다수가 기본적으로 모순된다는 점만 지적하면 된다. 가톨릭교도들이 맞는다면 개신교도, 이슬람교도, 힌두교도, 불교도들은 틀린 것이다. 즉, 우리는 최소한 하나 이상의 종교가 틀렸음을 인정할 수 있다. 그러나 종교적 신념체계들은 굉장히 강력할 수 있다. 중세에는 교회가 여러 국가를 지배했으며 그 믿음이 고급문화와 평범한 사람들의 일상을 모두 형성했다. 교회는 의례와 의례를 통해 표현되는 관념들로 출생, 결혼, 사망, 계절의 순환에 반주(伴奏)를 넣었다. 신학의 세부적 내용은 글을 읽을 줄 아는 극소수 사람들만이 알고 있었으나 신이 땅과 천국과 지옥을 만들고 이런저런 행동을 요구하며 상과 벌을 내린다는 건 거의 모두가 알고 있었다. 딱히 독실하다고 할 수 없는 사람들도 교회가 해석한 신의 뜻에 부합하도록 행동했으며 교회가 부리는 마법에 자주 의지했다. 축성 받은 성물, 성수나 성인들의 유물, 숲 하나 분량은 됐을 십자가들은 숭배의 대상이자 건강, 사회적 관계, 농업 생산성을 향상시키기 위한 실용적 장치였다. 굳이 긴 설명을 늘어놓을 필요도 없을 것이다. 중세의 교회가 '진정한' 종교였는지와는 별개로, 사람들은 그렇다고 믿고 그에 따라 행동했다.

단, 한 가지 유념해야 할 점은 공유되는 한에서만 사회적 구성도 효력이 있다는 사실이다. 지어낸 것이든 아니든 모두가 그것을 믿는다면 그건 더이상 신념이 아니다. '세상의 이치'다. 소수만이 공유하는 세계관은 그런 견고함을 획득하지 못하고 믿음으로만 남아 있다. 공유하는 사람이 거의 없거나 한 명뿐인 세계관은 광기로 간주된다.

지금까지는 상호주관성을 견고하게 만드는 요소가 수적 우세함이라고 단순화했다. 다수의 시각은 정확한 설명으로 여겨지지만 소수의 시각은 거부되거나 고쳐야 할 병폐가 된다고 말이다. 이 점이 중요한데, 세계관은 그 세계관을 구현하는 평범한 행동들이 눈에 띄지 않게 반복될 때 어마어마한 개연성을 획득하기 때문이다. 중세 유럽에서처럼 위험한 일이 있을 때마다 성호를 긋고 불운이 닥칠 때마다 기도하고 모든 작별을 "신께서 함께 하시길"(God be with you. 이것이 영어 'goodbye'의 유래다)이라는 말로 축복하고 좋은 날씨는 "주님을 찬미하라"는 말로 맞이한다면 신이 세상을 창조했다는 생각이 당연하게만 느껴진다. 이처럼 다수의 합의는 문화에 엄청난 힘을 부여한다. 하지만 모든 관점이 하나같이 강력한 설득력을 가지는 것은 아니라는 점은 지적해둘 만하다. 개인과 사회적 집단은 '상황을 정의하는'(define the situation) 능력에서 차이를 보인다. 피터 버거(Peter Berger)의 표현을 빌리자면, 큰 매를 들고 있는 사람일수록 자기 관점을 타인에게 강요할 기회가 많다. 무엇을 매로 간주할지는 사회마다 다르다는 말도 덧붙일 수 있겠다.

대부분의 사회는 문화의 개연성을 오직 합의에만 맡겨두는 것으로 만족하지 않는다. 카를 마르크스가 써서 인기를 얻은 용어로 설명하자면, 사회는 동시에 **물화**(reify)를 활용한다(물화란 사물을 뜻하는 라틴어 're'에서 유래한 단어로서 '사물처럼 만들다'라는 뜻이다). 다른 종에게는 본능과 환경의 제약이 해주는 역할을 인간에게는 문화가 해준다는 겔렌과 뒤르켐의 가정이 옳다면, 우리는 많은 경우 그 문화에 인간적 기원이 있다는 사실을 인식하지 못하는 편을 선택해야 한다. 우리의 방식이 사회적으로 구성되었음을 공공연히 인정하고 다른 사람들은 다른 방식으로 일처리를 한다는 사실에 너무 익숙해지면, 우리는 제도에 대한 확신을 잃고 세계개방성 혹은 아노미라는 불편한 위치로 돌아가게 된다.

우리의 실생활에는 물화를 위한 광범위한 장치들이 존재한다. 개인 차원의 사례를 들어보자면, 내가 아는 어떤 나이 많은 여성은 '커피를 마시지' 않는다. 대신에 매일 같은 시각에 '커피 타임'을 가진다. 그녀가 자신이 직접 고안하지 않은 시간표를 고수하고 있다는 사실을 보여주는 명확한 표현이다. 그녀에게 커피 타임은 의무로서 제시된다. '커피 타임'에는 커피뿐 아니라 비스킷도 필요하다. "비스킷 없이 커피만 마시면 너무 심심하기" 때문이다. 그녀는 기나긴 인생에서 아주 짧은 기간만 직장에 다녔으므로 분명히 일정을 스스로 선택할 수 있다. 그런데도 그녀는 자기 인생을 일정표에 따른 의무의 연속으로 보고 가끔 그런 의무에 반항하며 기뻐한다.

좀더 큰 규모에서는 대부분의 사회가 자체의 제도를 더욱 정당화하고자 하는 모습이 관찰된다. 원시시대의 사냥꾼들은 자신이 특정한 방식으로 사냥을 하는 것은 그것이 바로 돼지신이 가르쳐준 사냥법이기 때문이라고 생각했다. 중세의 왕들은 신이 자신의 왕권을 지지한다고 주장했다. 〈밝고 아름다운 만물〉이라는 찬송가를 쓴 빅토리아 시대의 작곡가는 "부자는 성채에, 빈자는 그의 대문에 있네/ 신께서 그들을 고귀하게도 비천하게도 만드시고 그들의 계급을 정하셨네"라는 가사를 쓸 때 자신이 처한 상황을 받아들이도록 빈자들을 설득해야겠다는 구체적 의도를 가지고 있었으며, 이 찬송가를 반복적으로 부르는 행위가 낮은 계급 사람들이 교만해지는 것을 가로막는 데 일조했다는 점은 분명하다.

권력을 끌어오는 원천은 사회마다 다르다. 따라서 어떤 요인이 특정한 사회적 안배를 더욱 정당화할 수 있는 것으로 여겨지는지도 저마다 다르다. 방금 제시한 세 가지 사례에서 보듯, 종교적 사회는 권력의 원천을 신이나 신들에게 둔다. 종교적 설명이 설득력을 잃은 19세기와 20세기 초의 서유럽에서는 특정 질서를 과학적 근거로 정당화하기 시작한다. 그러니까 부자와 빈자의 계급을 정한 건 더이상 신이 아니라 그들의 유전적 특성이 되는 것이다. 더구나 신자유주의 경제학자들의 설명을 빌리자면, 신비스럽지만 천하무적인 정치경제학 법칙들도 그런 맥락에서 제시된다. 나는 이처럼 사회들이 누가 혹은 무엇이 사회적 질서를 만들었다고 여기는지만 다를 뿐이라는 점보다 한 가지 추상적인 데에 더욱 관심이 간다. 물화가 거의 보편적으로 일어난다는 사실은 물화에 강자를 지지하는 것보다 훨씬 큰 목적이 들어 있다는 점을 암시하기 때문이다.

물화가 이처럼 흔하게 일어나는 이유를 잘 설명할 방법이

한 가지 있다. 물화에는 기본적 진실이 담겨 있다. 우리 중 자신의 인생을 조형하는 사회 제도를 직접 만든 사람은 아무도 없다. 누구나 그 제도 속에서 태어났다. 자신의 행동을 구조화하고 자신에게 다른 사람들이 기대하는 바를 집약해놓은 이른바 역할이라는 것은 태어나기 전부터 정해져 있었고 (약간은 바뀌겠지만) 죽은 뒤에도 한동안 지속될 것이다. 현실은 사회적으로 구성되는 것일지 모르지만, 그 총체성을 감안하면 특정 개인의 작품이라고 꼭 짚어낼 수 없다. 그런 면에서 현실은 우리 중 누구와도 아무 관련이 없거나 거의 관련이 없는 게 확실하다. 언어가 관습의 강압적 속성을 보여주는 좋은 사례다. 언어는 말할 것도 없이 사람들이 고안한 것이지만 그 기초적 형태는 우리에게 그냥 제시된다. 우리는 언어를 수정할 수도 있지만(몇몇 사람들은 실제로 의미심장한 변화를 일으킬 수 있을지 모른다) 일반적 의미에서는 그저 이미 존재하는 언어를 차용하고 따를 뿐이다.

간단히 말해, 우리는 어떤 상황을 진실이라고 정의하지 않으면 그 상황이 운동선수의 등에 떨어진 눈처럼 녹아버릴 거라는 역의 명제를 가정하지 않더라도 현실이 사회적으로 구성된다는 점을 인정할 수 있다. 사회 제도에는 어마어마한 힘이 있다. 인간적 기원을 밝혀 어떤 제도를 '해체'하는 것만으로는(특히 그 제도가 여러 집단 중 한 집단에게 더 유리하다는 점을 보여주는 것만으로는) 제도를 사라지게 만들 수 없다.

구성의 층위들 : 일하는 사람들

종교 조직은 대체로 신이 그 조직의 구조를 정했다고 주장하지만 정부기관, 기업, 공장 등의 '공식 조직'들은 원작자가 인간임을 선선히 인정한다. 대체로 우리는 어떤 조직을 창설하거나 그 구조를 근본적으로 바꿔놓은 사람을 지목할 수 있다. 하지만 그런 경우에도 사회학은 명분과 현실, 혹은 형식적 구조의 이상형과 실제 작동방식 사이의 모순을 철저히 규명할 수 있다. 이런 맥락에서, 사회적 구성이라는 개념을 건물의 원래 설계도와 실제로 지어진 건물 간의 차이를 감상해보라는 초청으로 여길 수도 있을 것이다.

이 계열에 속하는 연구 중 오래됐으나 여전히 완벽한 사례가 멜빌 댈튼(Melville Dalton)의 「관리하는 사람들」이다. 이 연구의 중요성을 제대로 알아보려면 관료제에 대한 막스 베버의 설명을 먼저 살펴봐야 한다. 사회학의 창시자라 할 만한 세 사람은 현대 사회가 그 이전 사회와 어떻게 다른지에 대해 각기 다른 큰 그림을 가지고 있었다. 마르크스가 보기에는 그 차이가 계급이었다. 뒤르켐에게는 공유된 규범의 해체였다. 베버가 보기에는 합리적 조직의 부상이 바로 그 차이였다. 이 책에서 소개한 대조적 사례들이 모두 그렇듯, 그런 대조 역시 어느 정도 조정되어야 한다. 현대 사회와 그 전신을 뚜렷하게 대조하면 설명하기 간편해지지만, 사실 사회적 발전은 명확한 시대 구분에 따라 이뤄지지 않는다. 선명한 단절은 매우 드문 경우다. 한 시대에 일반적이었던 태도와 습관은 오직 점진적으로만 대체되며 그중 다수는 특정 지역과 사회집단 내에서 살아남는다. 사회학자들이 시대의 변화를 이야기할 때는 캐리커처를 그리듯 한 사회의 가장 두드러지는 특징을 찾아내 확대하는 것이다. 지면이 충분하다면 이 책에서 다룬 모든 것들에 대한 수많은 제한조건과 예외를 들 수 있을 것이다. 하지만 그렇지 않으므로, 광범위한 일반화에 기대어 논지를 전개하겠다.

오랜 기간 지속되며 수많은 일들을 거치면서도 계속 관련을 맺는 사람들의 소규모 집단(흔히 말하는 '공동체')에서는 상호작용이 맞대면으로 관찰되고 조정될 수 있다. 뭔가 어긋난 사람들은 비공식적 비판의 대상이 되며, 이런 비판이 통하지 않을 때에는 다른 사람들이 그를 기피하거나 추방할 수 있다. 결정은 협상과 합의를 통해 내려진다. 소규모 공동체가 대규모 사회로 대체되면, 관계자들의 수가 불어나고 당면한 문제가 복잡해지면서 아주 다른 형태의 관리가 필요해진다. 자영농 스무 명이 공용 목초지를 함께 쓰고 있을 때는 그곳에서 한 사람 당 몇 마리의 가축에게 풀을 뜯도록 할지 자주 만나서 결정할 수 있다. 그러나 석유 탐사와 시추를 위해 북해를 여러 구역으로 나누어 다국적 기업에 할당할 때는 공식적 조직이 필요하다.

현대화(modernization)의 한 가지 특징은 합리적 관료제의 급격한 확대 현상이다. 관료제는 산업사회의 발명품이 아니다. 베버도 지적했듯 중국인들은 고대와 중세에도 관료제를 솜씨 있게 운용했으며, 20세기 대부분 동안은 교회도 관료제에 따라 조직됐다. 하지만 베버는 삶이 합리성에 지배받는 정도를 볼 때 현대 사회와 전통 사회는 다르다고 믿는다.

이에 관해서는 제4장에서 더 다루겠다. 여기서는 현대 조직에 대한 베버의 설명을 간단히 소개하고자 한다. 첫째, 현대의 관료제에서는 직무와 그 직무를 점유하는 개인을 구별한다. 법관이나 최고 책임자가 물러나면 권력은 그 직무를 맡을 후임자에게 넘어간다. 이런 구별은 보상을 할 때도 적용된다. 회사의 자산은 회사의 것이지, 현재 사장을 맡고 있는 임원에게 속하는 것이 아니다. 인센티브로 간부에게 회사 주식을 제공할 수는 있겠으나 일반적으로 그들은 회사 자산과는 별개인 봉급을 받는다. 그 밖의 방식이 어떻게 가능한지 궁금하다면 중세의 징세제도를 떠올려보면 된다. 당시에는 징세관이 되고 싶은 사람들이 그 자리를 놓고 왕이 주최한 경매에 참여했다. 낙찰을 받은 사람은 왕에게 주기로 약속한 금액 이상으로 원하는 만큼 세금을 거둘 수 있었다. 덕분에 왕은 수입을 효과적으로 증가시킬 수 있었지만 징세관들은 납세자들의 고혈을 빨게 되었다. 반면에 현대 민주주의 사회의 세수는 징세관들의 봉급과 구분되어 있다.

둘째, 관료제는 제조업에서 활용되는 분업 방식에 따라 일을 처리한다. 전쟁처럼 복잡한 일은 각각의 구성요소로 나뉘고, 모든 일에는 그 일을 책임지는 직무가 단 하나만 배정된다. 군비 부문에서는 무기 생산을 관리하고 의무과에서는 부상병을 치료하며 경리과에서는 군인들에게 봉급을 주는 업무를 담당하는 식이다. 이런 식으로 분업을 하면 처리해야 할 모든 일들을 서로 중복되는 일 없이 확실히 처리할 수 있을 뿐만 아니라 관료들이 자기 직무에서 전문가가 될 수 있다. 이는 후임 관료들이 해당 직무에 필요한 구체적 기술을 훈련받고 점검받을 수 있다는 뜻이기도 하다. 또한 이때의 전문성 획득 여부에 따라 승진도 결정할 수 있다. 각 분야에서 직무는 명확한 지휘계통에 따라 위계적으로 배치된다. 모든 관료는 자신의 상관이 누구이고 자신은 또 누구의 상관인지 알고 있다. 마지막으로 관료들의 직무는 보편적으로 적용되는 규칙에 따라 규정된다. 모든 사례(이들은 사람이라기보다 사례라 부르는 편이 적절하다)가 같은 방식으로 다루어지고 당면한 문제에 대해서만 평가받는다. 오늘날 세금 징수원들은 낯선 사람에게든 친구나 친척, 또는 같은 종교를 믿는 사람에게든 동일한 세금을 부과한다. 즉, 모든 납세자에게 동일한 규칙을 적용한다.

얼핏 보기에는 이런 모형이 현대 사회와 전통 사회의 중요한 차이점을 설득력 있게 설명하는 것처럼 보인다. 1900년의 독일군, 19세기 개혁 이후의 성공회, 미국 국세청이라면 충분한 예시가 될 것이다. 하지만 베버의 설명은 이상적인 그림을 제시한다는 면에서 일종의 홍보자료처럼 읽히기도 한다.

현대 조직의 합리성에 대한 댈튼의 회의적 시각은 미국의 제조사 두 곳에서 과장 직급으로 근무했던 그 자신의 경험에 근거하고 있다. 댈튼은 재직시 자신을 포함한 직원들의 일하는 방식을 관찰하여 공식적 절차와 실제의 운영 사이에 상당한 격차가 있다는 결론을 내렸다. 당시에는 경영이란 '과학적'인 것이므로 본질적으로 합리적 방법을 따라 최적의 유일한 해결책을 향해 간다는 이데올로기가 만연해 있었다. 그러나 댈튼은 경영이란 최적의 해법이 단 하나만 존재하는 문제는 극히 드물다는 인식을 품고 협상이나 타협을 꾀하는, 사익을 추구하는 정치적 행위라는 점을 보여준다. 댈튼은 경영학의 이상적 모형 너머의 현실을 드러낸다. 경영자들은 문제를 해결하기 위해 실무 방안들을 타협하고, 공식 조직의 명분과는 다른, 실무적 견지에서 내려진 결정들을 정당화한다. 때로는 그러기 위해 공식 조직의 명분을 활용하기도 한다.

세 가지만 예시하겠다. 어떤 회사에서는 남는 부품과 자재를 빡빡하게 관리했다. 이 회사에서는 그런 것들을 반출하려면 어떤 작업에 필요한지 밝히는 명세서를 작성하고 서명해 제출해야 했다. 하지만 생산라인 직원들은 일이 늦어져서 생기는 손해를 최소화하고 싶어서, 남는 자재를 쉽게 수합할 수 있는 곳에 두고 싶어했다. 회사측에서는 이런 식의 비축을 막고자 불시 재고 조사를 요구했다. 하지만 생산라인 직원들을 감독하는 사람들도 그들과 원만한 관계 속에서 일할 필요가 있었다. 그래서 이들은 재고 조사 전에 조사시간과 순서를 흘렸다. 생산라인 직원들은 불법 자재를 재빨리 숨길 수 있도록 카트에 보관했다. 이런 식으로 감독자들은 회사의 공식적 요구를 들어주는 한편 생산라인 직원들과 원만한 관계를 유지하며 그들이 일자리를 지킬 수 있도록 해주었다.

댈튼은 발령과 승진에도 관심을 가졌다. 그는 고위 간부 중 프리메이슨 회원이면서 요트 클럽 회원인 경우가 유달리 많다는 사실을 알게 됐다. 이들은 전문성이 있어서가 아니라 '우리' 중 한 명이고 비공식적 거래와 교환을 통해 일처리를 할 수 있어서 임명된 것으로 보였다. 이들은 존경받는 비공식적 파벌의 구성원들이기도 했다. 이런 특징은 간부를 선발하는 공식적 기준이 아니었지만—사실 이런 일은 차별적인 것으로 여겨져 금지되었다 — 댈튼은 경영진의 입장에서 볼 때 이런 조치가 유용했음을 보여준다.

명분과 현실의 괴리를 보여주는 셋째 사례는 권위의 위계와 직무에 따른 권한에 관한 것이다. 댈튼이 근무했던 회사들은 보고체계가 확실하고 소관영역이 선명하게 구분되는, 명확한 구조를 갖춘 베버식 모형을 따르는 것처럼 보였다. 하지만 사실은 공식적으로 동일한 직급의 관리자들 사이에도 영향력에 차이가 있었다. 하급자들은 상관 중 영향력이 약한 사람이 누구인지 알고 그들이 지시하는 업무를 가장 나중에 처리하는 경우가 있었고, 우선적으로 받들어야 하는 '전도유망한' 인물이 누구인지도 알고 있었다. 이런 영향력은 부분적으로 업무 능력을 반영했다. 공식적으로 동일한 직급에 속한 사람들 모두가 동등한 업무 능력을 갖춘 것은 아니었으니 말이다. 노력의 차이도 어느 정도 반영됐다. 은퇴 시기가 가까워져 조용한 삶을 원하는 사람이 있는가 하면, 젊고 야심 차서 자기 자리의 영향력을 증대시킬 기회라면 뭐든지 잡는 사람도 있었다. 고프먼의 연극 은유를 빌려 말하자면, 셰익스피어의 〈햄릿〉에서처럼 각 배역에는 연기해야 할 대본이 있지만 배우들은 그 역할을 상당히 자유롭게 연기한다.

조직의 복잡한 현실이 공식적 구조를 그대로 반영하지는 않는다는 점은 그리 놀랄 일이 아니다. 지금 우리는 댈튼의 주장에 아주 익숙해져 있다. 하지만 댈튼의 주장이 뻔한 소리가 되었다고 해서 그 진실성이나 중요성이 떨어지는 건 아니다. 제대로 정의된 공식적 조직이라 하더라도 그 조직을 채우는 사람들의 행위로 인해 지속적으로 형성되고 재형성되어간다는 것은 분명한 사실이다. 그런 조직들이 혼란스럽고 체계적이지 못하다는 뜻이 아니다. 공식적 조직을 설명한 초창기 이론가들이 그 공식적 속성의 **현장**을 잘못 비정했다는 뜻일 뿐이다. 댈튼이 거론한 회사들은 (가끔 논란이 일기는 했으나) 분명한 목표에 따라 정의되었고, 그 목표에 따라 일처리 방식에 대한 공통의 실무적 이해가 이루어지고 유지되었으며, 누군가 요구할 경우 자신의 행위를 **마치** 공식적 구조와 운영절차의 논리적 결과인 **것처럼** 제시할 수 있는 관리자와 직원들이 그 이해를 공유했기에 제대로 기능할 수 있었다.

구성의 층위들: 규칙 위반자들

현실이 여러 층위에서 반복적으로 재구성된다는 점은 법과 그 법을 어기는 사람들의 사례를 통해 설명할 수 있다. 법이 인간의 산물이라는 점에는 의문의 여지가 없다. 정치학과 법학을 다룬 책들은 법을 만든 사람들을 꼭 짚어 이야기한다. 영국에서는 의회가 법을 만든다. 미국에서는 연방의회가 연방법을 만들고 각 주의 입법기관이 주법(州法)을 만든다. 나아가 법을 해석하고 적용하는 역할만 할 것으로 여겨지는 판사들과 대법관들도 바로 그런 적용을 통해 새로운 법을 만들어낼 수 있다. 아야톨라(이슬람 시아파의 종교 지도자―옮긴이) 치하의 이란 등 몇몇 문화권에서는 신이 법을 정했다고 주장하며 그 법을 초자연적으로 정당화하고자 하지만, 그런 곳에서도 어떤 아야톨라의 코란 해석이 '샤리아', 즉 종교법을 틀지어왔는지 찾아볼 수 있다.

법이 존재한다는 사실에서 출발하면 무엇이 법 위반으로 간주될지 손쉽게 알아낼 수 있을 것 같다. 예컨대 우리는 특정한 행위(남자가 자신의 성적 의도를 여자에게 강요하는 경우)를 지목하고 법이라는 기준에 비춰봄으로써 이런 행위가 범죄인지 아닌지 알아볼 수 있을 것이다. 하지만 불행히도 문제는 그리 간단하지 않다. 먼저 법 자체가 대개는 모호하다. 아주 상세한 법규도 현재 상상 가능한 모든 사례나 미증유의 상황에 어떻게 적용할지 규정할 수 없다. 둘째, 상당수 행위에는 여러 법이 동시에 적용되는데, 그 법들이 언제나 깔끔하게 조화되는 것은 아니다. 법은 축적되는 것이다. 입법자들이 새 법안과 기존 법안을 조화시키려고 최선을 다한다 해도 충돌은 불가피하게 발생하고, 벌어진 행위에 대해서는 논란의 여지가 없더라도 그 행위를 심판할 때 어떤 법을 적용해야 할지에 대해서는 논쟁이 있을 수 있다.

나아가 법은 일관되게 적용되는 경우가 거의 없다. 영국의 간선도로에는 기본적으로 시속 60마일의 속도제한이 적용된다. 하지만 운전자가 의도적으로 과속했다고 확신할 수 있을 만큼 과속 측정 장비나 자동차 내부의 속도계가 정확하지 않기 때문에 교통경찰은 시속 60마일과 65마일 사이의 속도로 주행하는 차량들을 멈춰 세우는 경우가 거의 없다. 더욱이 새로운 '진짜' 제한속도 규정도 일관되게 적용되지 않는다. 내가 사는 동네의 경찰들은 처리할 수 있는 것보다 더 많은 민원에 시달리고 있어서, 시골 도로에서의 과속에는 별다른 신경을 쓰지 않는다. 신고가 드문 조용한 날에는 교통경찰들이 과속이 빈번히 벌어지는 직선구간 가로수 뒤에 경찰차를 세워놓고 위반차량을 단속한 뒤 좀더 급박한 문제를 처리하러 간다. 그러므로 과속을 하다가 적발될 확률은 경찰에 다른 신고가 쏟아지는지 여부에 좌우된다. 게다가 경찰이 과속 운전자에게 반응하는 방식도 차량의 속도나 도로 상태 같은 객관적 사실뿐 아니라 운전자의 태도 등 무형의 요소들에 따라 달라진다. 운전자가 과속을 자주 하는 사람처럼 보이지 않으면 경고 한 마디로 넘어갈 개연성이 높다. 하지만 그가 무례하게 굴거나 '상습 과속운전자'로 보이면 딱지를 떼고 벌금을 물릴 개연성이 높아진다. 경찰은 어떻게 반응할지 결정할 때 '위반했는가?'만이 아니라 '이 사람은 전형적인 위반자인가?'까지도 따진다.

그러므로 우리는 범죄란 법을 어기는 것이라는 단순한 공식에서 출발했다가도 이 문제가 훨씬 더 복잡하다는 사실을 곧 알아차리게 된다. 실제로 의사결정이나 해석은 무척 많은 층을 거치며 여과되기에 범죄란 경찰이 위법이라고 판단하는 것이고 그 판단에는 법외의 고려사항이 다수 개입된다고 말하는 편이 더 정확할지도 모른다. 이렇게만 말해도 처음의 논의가 현저히 정교해지기는 하지만, 당연히 범죄자를 지목하는 데 참여하는 사람은 경찰만이 아니다. 검찰은 기소 여부를 결정하고, 기소를 할 때에는 어떤 범법행위를 기소할지 결정해야 한다. 판사와 배심원단은 사건을 심리하고 평결하고자 노력한다.

형사 사법제도는 반복적인 사회적 구성을 거치는 복잡한 절차다. 이 절차를 이루는 여러 요소들은 (법에 대한 추상적 존중만이 아니라) 각각의 이해관계에 따라 움직이며, 각 단계에서의 결정에 따라 영향을 받는다. 가정폭력에 대한 경찰의 대처가 이런 피드백의 좋은 사례다. 1960년대에 영국 경찰은 '가정문제'를 방치하는 경우가 일반적이었다. 이들은 피해자가 법정에서 증거를 제시하지 않는 경우가 많고, 법원이 유죄 판결을 내리지 않거나 가벼운 처벌만 내리는 경우가 흔하다는 점을 근거로 자신들의 행위를 정당화했다. 안 그래도 경찰의 자원을 소모시키는 사건들은 넘쳐났으므로 가정문제는 굳이 공을 들일 필요가 없어 보였던 것이다. 하지만 1970년대부터 여성 단체들이 언론의 관심을 가정폭력 쪽으로 돌리는 데 성공하면서 변화가 시작됐다. 이런 변화에 영향을 받은 판사들은 가정폭력에 덜 관대해졌다. (수사와 기소 단계에서) 원고가 받는 스트레스를 줄이기 위한 새로운 조처들이 고안되었고, 이에 따라 고소 건수와 기꺼이 증거를 제시하려는 목격자들의 수가 증가했으며, 경찰이 자신의 '노력에 대한 보상'을 계산하는 방식도 좀더 적극적인 행동을 유도하는 쪽으로 바뀌었다. 이처럼 우리는 가정폭력에 대한 사회적 구성이 점진적으로 변화하는 모습을 목격했다.

그런데 가정폭력 범죄는 언제나 존재해왔으되 그중 신고, 진술, 조치, 심리가 이루어지는 비율만 달라졌다는 생각은 여전히 형사 사법절차의 대상이 범죄적인 것과 비범죄적인 것으로 명확하게 나뉘는 세상을 상정하고 있다. 하지만 보다 급진적인 관점도 있을 수 있다. 행위의 '실제적' 위상보다는 사법절차의 다양한 여과단계에 끼어드는 여러 요소들이 그 행위의 범죄성을 결정하는 데 더 큰 영향을 끼친다면, 사회적 정의(定義)라는 행위 자체, 즉 **이름표 붙이기**가 범죄성의 원천이라고 말하는 편이 정확할 수도 있으니 말이다. 도덕철학자나 경찰관은 범죄성이란 곧 행위 자체에 내재된 속성이고, 다만 발각되는 행위와 발각되지 않는 행위가 있을 뿐이라고 주장하고 싶을지도 모른다. 하지만 현실 세계에서 어떤 행위가 가져오는 사회적 결과에 초점을 두는 사람은 범죄성이란 공적 정의자(定義者)들이 특정 행위에 붙이는 이름표의 속성이라고 생각하는 편이 더 나을 수 있다.

  범죄와 일탈을 이름표 붙이기로 보는 관점은 사회질서에 대항하는 급진적 태도로 여겨지면서 1960년대 후반에 인기를 얻었다. 이런 관점은 경계선상의 모호한 사례에 적용할 때 특히 설득력이 강하다. 럭비 동호회 회원들이 저녁식사를 하면서 특정 호텔에 상당한 손해를 끼쳤다면 이는 젊은이들의 진취적 기상의 표현인가, 훌리건들의 난동인가? 어느 여성 노인이 자기집 TV가 외계인들에게 점령당했다고 생각한다면 그건 별난 행동일 뿐인가, 정신 질환인가? 구멍가게 주인이 소득신고서를 조작한다면 그건 사기인가, 사업 수완인가? 한 어부의 시신이 그가 소유한 보트의 삭구에 엉킨 채 발견되었다면 그건 자살인가, 사고사인가? 이런 행위나 사건들은 분명 다양하게 해석될 여지가 매우 크다. 그 점을 생각해보면 이름표 붙이기 접근(labelling approach)도 정당화되는 것으로 보인다. 이렇게 접근하면 사실의 발견뿐 아니라 창의적 해석이 최종적으로 붙이는 이름표에 영향을 끼친다는 점에 주목할 수 있는

데, 이것이 큰 장점이다. 나아가 이름표 붙이기 접근을 통하면 다양한 해석에 얽힌 광범위한 이해관계도 조명할 수 있다.

예컨대, 위험한 추측이지만 이렇게도 볼 수 있다. 상류계급의 럭비 동호회가 저지른 기물파손은 '진취적 기상의 표현'으로 정의되고 축구 팬들의 동일한 행동은 공공기물 파손죄로 간주될 수 있다. 문제의 여성 노인이 재정적으로 독립되어 있고 가족의 핵심적 구성원이 아니라면, 그녀의 기벽은 치료의 초점이 되기보다 대체로 용인될 개연성이 높다. 공동선에는 비슷한 해를 끼치는데도 세무당국으로부터 '자기 돈'을 지키려고 속임수를 쓰는 사업가는 '다른 사람들의 돈'을 훔치는 사회보장제도 관련 사기를 친 사업가보다 가벼운 처벌을 받는다. 죽은 어부가 가족이 있고 보수적 종교관을 가진 사람이라면 원인불명의 사망사고는 그가 독신이고 세속적인 인물이었을 경우에 비해 사고사로 판단될 개연성이 더 높다. 이 모든 사례에서 우리는 특정 행위가 범죄 혹은 일탈로 판단될 여부는 그 행위에 내재된 속성에 의해 완전히 설명되지 않으며 이름표 붙이기나 사회적 정의의 과정에는 여러 고려사항이 개입된다는 점을 알 수 있다.

하지만 이름표 붙이기 접근은 범죄와 일탈에 관해 비교적 현실적인 설명을 제공한다는 점에서 중요하기는 해도 사회적 정의의 요건 두 가지를 도외시하여 사실을 과장하는 우를 범하기도 한다. 첫째, 사회적 규범 중에는 실제로 단순하고 영속적인 것들이 있다. 모든 사회와 하위문화에는 이름표 붙이기 접근에서 핵심적이라고 여기는 사회적 정의의 과정을 유보시키는 강한 합의가 존재할 수 있다. 폭력적인 신체 접촉 중에는 해명될 수 있는 것("그 사람이 계단에서 떨어졌어요")과 정당화될 수 있는 것("그 사람이 칼로 저를 공격하려는 줄 알았어요")이 있지만, 많은 사람들이 별 고민 없이 정당하게 치명적 무기를 동원한 폭행, 중상해, 살인 등으로 이름 붙일 수 있는 사건은 여전히 많다. 갖가지 이상 행동이 기벽으로 용인되는 것은 있을 수 있는 일이지만, 상당수 행동은 고민할 필요 없이 광기의 증상이라고 생각할 수 있다. 다시 말해, 사회가 그렇게 정의했다는 이유만으로 흔히 어떤 행위를 범죄나 일탈로 간주하게 되는 것은 사실이지만(이름표 붙이기 관점), 시대와 사회를 막론하고 그런 정의는 대부분의 사람들이 공평하게 적용할 수 있을 만큼 아주 잘 확립되어 있다는 얘기다. 범행을 한 사람이 그냥 빠져나가는 경우가 결코 없다는 말은 아니다. 누군가 죄를 짓고도 빠져나갔다면, 그렇다고 인정하는 데에는 별 어려움이 없을 거라는 뜻이다.

둘째, 이름표 붙이기 관점은 양심을 간과한다. 이쯤에서 내재화라는 개념을 소개할 수 있겠다. 가장 급진적인 경우, 이름표 붙이기 접근은 다른 사람들이 이름표를 붙이지 않고 넘어간 범죄는 범죄가 아니라고 말한다. 하지만 세상에는 아내를 죽여 안뜰에 묻은 지 10년 만에 경찰서를 찾아가 형사 앞에서 자백하는 사람이 있다. 그가 그렇게 하는 이유는 죄책감으로 괴롭기 때문이다. 그의 행위에 범죄라는 이름표를 붙일 외부의 권위는 필요하지 않다. 그 역할은 양심이 이미 했기 때문이다. 그는 자신이 속한 문화권의 규범을 사회화했다. 그 사회화는 살인을 막을 정도로 완전하지는 않았으나, 그런 행위에 대해 편안함을 느끼지 못하게 할 정도로는 효과적이었다. 그는 자신에게 범죄자라는 이름표를 붙였다. 정신병 진단을 외부에서 부여한 이름표로 볼 수도 있겠지만, 그렇게 진단받은 사람들 중 상당수는 자발적으로 치료를 받으러 간다.

양심에 관한 이야기를 하다보면, 이 장 앞부분에서 언급한 인간과 문화에 대해 다시 짚어보게 된다. 인간은 자신이 속한 문화의 외적 윤곽을 자신의 정신과 성격 속에 복제할 때에 비로소 사회적 존재가 된다. 앞서 얘기했던 연극 은유로 돌아가 보자. 안정적인 사회에서는 배우들이 자기 배역을 그냥 대본대로 읽기만 하는 것이 아니다. 이 배우들은 실제로 그 배역에 몰입해 살아가는 '메소드 연기자'다. 대본과 무대 지시, 대사 일러주기 등 외부의 도움은 더이상 필수적이지 않다. 배우들은 등장인물 자체가 된다.

사회학은 이런 일이 일어나는 방식을 이해하려는 노력과

상당 부분 관련되어 있다. 사회학의 핵심 원칙 중 하나는 인간이 자기 자신을 보는 방식은 타인이 그를 보는 방식에 엄청난 영향을 받는다는 것이다. 나는 사회를 서로 맞물린 역할들의 체계라고 설명하면서, 먼저 이 현상을 거시적으로 살펴보았다. 아버지가 되려면 아들이나 딸이 필요하다. 교사가 되려면 학생이나 제자가 필요하다. 좋은 아버지가 되려면 자녀들이 그를 좋은 아버지라고 여기고 다른 사람들(배우자, 자녀의 조부모, 친구, 이웃들)이 그런 관점을 공유해야 한다.

어떤 역할을 **학습**할 때 타인의 반응이 차지하는 비중을 생각해보면 이를 개인적 역학 차원에서 설명할 수 있다. 어떤 사람이 별다른 확신 없이 좋은 아버지에게 적절하다고 생각되는 방식으로 행동한다. 그러고는 아이들이나 그런 역할 수행을 관찰하는 가까운 사람들의 반응을 반사적으로 관찰하고, 다른 사람들의 관점이라고 생각되는 것에 비추어 스스로의 행위를 수정한다. 적대적 반응이나 몰이해, 공포, 증오가 관찰되면, 그는 부끄러움을 느낄 수 있다. 미국의 사회심리학자 찰스 호튼 쿨리(Charles Horton Cooley)는 '거울 자아'(looking-glass self)라는 나름의 표현을 통해 누군가가 남들 눈에 비친 자신의 모습에 반응하여 정체성을 획득해가는 과정을 설명한다. 가끔은 이런 관찰이 공식적이고 명시적으로 이루어진다. 예컨대 부부는 좋은 부모가 되는 원칙을 두고 논쟁할 수 있다.

대개의 경우, 관찰은 거의 무의식적이라고 할 만큼 이목을 끌지 않는 절제된 선에서 이루어진다.

사회적 상호작용이 정체성 형성에 끼치는 중요한 영향 중 한 가지는 누군가의 정체성을 확인하려는 시도가 **자기충족적**으로 실현될 수 있다는 점이다. 한 소녀가 방 정리, 약속시간 지키기, 과제 준비물 챙기기 등에 자주 실패하면 그때마다 아버지가 그녀를 '바보'라고 지적할 수 있다. 귀엽지만 무능하다고 말이다. 이런 식의 이름표 붙이기와 그 이름표에 함축된 설명을 부모와 친척, 친구들이 일상적으로 반복하면, 소녀는 자신에 대한 그런 이미지를 내재화할 수 있다. 소녀는 자신을 무능하다고 여기고 그 배역을 점점 더 충실히 연기한다. 현재의 성격을 정확하게 묘사하고자 썼던 표현이 실제로는 관찰했다고 여긴 성격을 만들어내는 것이다.

이런 설명에는 여러 가지 중요한 전제조건이 붙어야 한다. 첫째, 이름표가 붙게 되는 사람도 그저 수동적으로 반응만 하는 경우는 거의 없다. 정체성은 **협상**된다. 소녀는 아버지의 뇌리에 박힌 자신의 상을 그냥 받아들이고 거기에 함축된 예상에 부응하는 것 외에도 달리 반응할 방법을 찾을 수 있다. 또한 아버지가 소녀의 행동을 이해하는 새로운 방식들을 발견할 수도 있다. 예컨대 '바보'를 '영혼이 맑은 아이'로 바꾸는 것이다. 더구나 소녀와 상호작용하는 모든 사람이 그녀에게 동등한 영향을 끼치는 것도 아니다. 조지 허버트 미드(George Herbert Mead)는 '중요한 타자'(significant others)에 대해 말한 적이 있다. 아이에게는 부모(혹은 부모의 대리인)가 가장 중요한 타자가 되겠지만, 연상의 친구들이나 다른 친척들도 영향을 끼칠 수 있다. 나이가 들면 공식적 지위를 차지한 사람들이 중요해지고, 추상적인 준거집단(reference group)이 지녔으리라 추정되는 관점에도 영향을 받을 수 있다. 대학원 시절에 나는 비판적인 논평을 속삭이는 지도교수의 목소리를 상상하며 글을 썼다. 이 글을 쓰는 지금도 사회학자들의 상상된 공동체가 나타낼 법한 반응을 염두에 두고 있다.

교육을 다루는 사회학 연구들은 대부분 각급 학교들이 효과적인 자기충족적 예언을 통해 사회적 계급을 본의 아니게 재생산하는 방식에 대해 설명한다. 여러 차례의 설문조사를 통해 밝혀졌듯, 노동자 계급의 자녀는 중산층 자녀에 비해 자라서 육체노동자가 될 확률이 훨씬 높다. 지능지수가 동일한 아이들끼리 비교해도 그렇다. 하지만 계급이 낮은 아이들을 의식적으로 차별하거나 그 아이들에게 일부러 부당하게 낮은 점수를 주는 교사들이 드문 것도 사실이다. 그렇다면 계급은 어떻게 재생산되는가?

그 답은 물론 복잡하다. 부자들은 자녀에게 추가적 자원(개인 과외 등)을 제공할 수 있다. 주거 패턴은 대체로 사회적 계급을 반영하므로 지역에 따라 학교의 계급 구성이 달라지기도 한다. 부유한 동네의 학교에는 실력 좋은 교사들이 모여들고, 이런 학교들은 기강이 잘 잡혀 있으며 좋은 시험 성적을 거둔다는 명성을 얻는다. 그 덕에 다시 그 지역이 중산층 부모들을 끌어들인다(자신의 배경이나 자원은 부족하지만, 그런 결핍을 상쇄할 만큼 자녀에 대한 기대치가 높은 노동자 계급이나 민족적 소수자 가족도 물론 매력을 느낀다). 공교육에서 성공한 경험이 있는 부모들이 의식적으로나 무의식적으로 자녀들에게 적절한 태도와 기술을 전달하기도 한다. 하지만 이런 거시적 배경 요소들을 전부 감안하더라도 모든 학교에서 아이들의 성적은 계급의 영향을 받는 경향이 있다.

그 이유는 어떤 악순환을 통해 설명할 수 있다. 노동자 계급의 자녀들(특히 남자아이들)은 출발선에서부터 별 기대를 받지 못한다. 이들은 대개 부모나 가까운 친척이 가진 직업을 가지고 싶어하며, 공교육에서 성공을 거둔 적이 없는 부모들 역시 자녀를 격려하거나 도와줄 만한 처지가 못 된다. 이와 동일한 역할 모델이 노동자 계급 자녀들을 중산층 계급 자녀들에 비해 더 시끄럽고 거칠게 행동하도록 만드는 마초적 문화에 내재되어 있을 수도 있다. 이런 아이들은 은연중에 파괴적인 성향을 보인다. 비교적 성적 수준이 낮은 경우가 많고, 그렇지 않은 경우에도 교사들이 사회계급적 요소를 포함하는 미묘한 단서들에 기초하여 그런 부류의 아이들은 그런 식으로 생활한다고 넘겨짚는 탓에 높은 성적을 간과할 수 있다. 이러한 예단은 여러 차례 무의식적으로 아이들에게 피드백 되고, 아이들은 성적을 평가하는 공식적 시험을 치르기도 전에 이미 실패했다는 느낌을 받는다. 아주 어린 나이부터 시험으로 아이들을 평가하는 교육제도에서는 이러한 기대가 더욱 강화된다.

학업 실패가 명백해지기 시작하면서부터는 아이들에게도 선택지가 생긴다. 아이들은 학교의 공식적 가치체계에 부응하여 자신을 실패작으로 볼 수도 있고, 자존감을 갖게 해줄 다른 원천을 탐색할 수도 있다. 이미 실패를 경험한 아이들이 반항적 행위를 통해 자긍심을 느끼고 "선생의 부아를 돋우며" 즐거워하는 저항적 하위문화를 낳는 경우에는 후자가 선택지가 된다. 내가 학교에 다닐 때에는(체벌이 흔했던 시절이다) 어떤 남자아이가 일찍부터 말썽을 피워서 자주 매질을 당했는데, 정작 그 아이는 아무도 길들일 수 없는 처치 곤란의 존재가 된 것을 자랑스럽게 여겼다. 그 아이는 교사들과 대립하면서, 그 누구도 자기를 울릴 수 있을 만큼 세게 매질을 할 수 없다는 걸 입증하고자 일부러 수위를 높였다. 뻔한 일이지만, 교사들은 머잖아 그 아이를 관리해야 할 골칫덩이로 보게 되었고, 그 아이는 아무런 공식적 인증도 받지 못한 채 기회가 생기자마자 학교를 떠났다.

이는 학습에 대한 상황이론(situational theory)으로 설명될 수 있다. 상황이론은 특정한 가치체계 내에서 실패하고 있는 것으로 판단되어 자신의 가치가 평가절하되었다고 느끼는 사람들이 지배적 가치를 역전시키는 반문화에 이끌릴 수 있다고 가정한다. 예컨대 가난한 소년들은 자긍심을 가지려고 '나쁜' 것이 멋진 것이 되는 일탈적 하위문화로 들어가 나쁜 소년이 된다.

미드와 쿨리의 사회심리학을 활용한 이같은 설명은 누군가를 특정 부류에 속하는 사람인 양 한결같이 대하면 그 사람을 바로 그런 부류로 만들 수 있다는 점을 시사한다. 그런데 이와 조금 다른 설명에서는 배우가 타인의 평가를 수용하는지 여부는 그렇게까지 중요하지 않다. 중간관리직 회계사가 부당하게도 사기 혐의를 받았다고 해보자. 그는 무죄를 주장했으나 유죄판결을 받고 수감되어 직업과 아내, 자녀, 집, 재정적 안정성 등을 잃었다. 그는 석방되자마자 정직한 회계사로 일하기는 더이상 불가능하다는 걸 알게 된다. 과거의 친구들이나 지인들이 그를 기피한다. 그를 배제하는 정직한 사회와는 대조적으로 범죄자들은 그를 받아들인다. 교도소에서 그와 어울려 지낸 사람들은 그가 저질렀다는 악행을 경멸하기보다 동경한다. 그는 계속 무죄를 주장하면서도 그가 저지른 일 때문에 그를 존경하는 사람들의 사회가 있다는 걸 알게 된다. 이런 상황이라면 그 회계사가 어느 날 범죄자들의 제안을 수용하는 것도 무리는 아니다. 그가 정말로 결백하다고 믿을 때의 일이지만, 범죄자라는 이름표를 붙이면 더 많은 죄를 저지르지 못하게 막기는커녕 원래 범죄자가 아니었던 사람도 충분히 범죄자로 만들 수 있다. 간단히 말해, 정의하는 사람들에게는 누군가가 실제 행위를 저질렀는지 여부와는 무관하게 최초의 이름표를 붙일 힘이 있고, 그런 만큼 어떤 이름표들은 상당한 결과를 낳는다.

이름표 붙이기 접근은 추상적인 시각에 머무르지 않는다. 이 접근이 바로 청소년 사법제도의 근간이다. 사회마다 하한선으로 잡는 연령이 다르기는 하지만, 현대 국가들은 대부분 미성년자의 범죄를 다룰 때 그들이 종래의 역할에서 떠밀려나가 범죄자로 전락할 확률을 최소화하는 방식을 취한다. 법원은 어린 범죄자들의 신병을 보호하며, 반드시 감금해야 할 경우에는 불운한 역할 모델이 되어줄 수 있는 성인 수감자들과 격리시킨다.

이제 이번 장의 일반적 주제로 돌아가보자. 범죄와 일탈, 교육적 실패에 관한 이런 논의들은 사회적 행위에서의 창의적 요소가 어떤 제도를 만들 때에만 작용하는 게 아니라는 점을 보여준다. 일단 문화가 사회적 산물이라는 점을 인정하면, 이 명제에 내포되어 있는 창의적 해석을 반복적으로 참조해야만 사회적 삶을 연구할 수 있다. 우리는 사회적 질서가 끊임없이 유동하며 부단히 변화한다는 점을 충분히 인식해야 한다. 사회를 법칙의 인도를 받는, 서로 연결된 역할들의 집합으로 이해하는 것도 물론 가치 있는 일이다. 하지만 역할 수행에는 즉흥성이 작용할 공간이 있는 경우가 많으며, 해석이라는 과정은 결코 멈추지 않는다는 점을 항상 명심해야 한다.

제 3 장

원인과 결과

숨겨진 원인

제2장에서는 현실이란 사회적으로 구성된 것이지만, 우리들 대다수가 그 구성물 내에서 아주 사소한 배역만 맡아 연기할 수 있기 때문에 현실은 여전히 영속적이고 억압적인 성질을 띤다고 설명했다. 질서에 의식적으로 저항할 때조차 우리는 예정된 길을 따르는 경향이 있다. 사회학이 상식과 다른 한 가지 측면은 우리가 하는 생각과 행위의 주인은 바로 우리 자신이라는 만족스러운 자아상에 의문을 제기한다는 것이다. 산업계의 거물이나 종교적 예언가, 정치적 지도자들은 자신을 자유로운 영혼으로 볼지도 모르겠지만, 대부분의 사람들은 자신이 가진 자율성의 한계를 상당히 잘 알고 있다. 그렇더라도 우리의 정체성은 사회적 힘의 부침과는 별개로 존재하

는 '나'를 전제한다. 예컨대 나는 은행 이자율에 따라 생활수준이 달라지는 건 막을 수 없을지 몰라도 소득이 줄어드는 한에서는 식단과 정치적 선호, 종교, 음악 취향을 결정할 수 있다. 내가 사랑하는 사람에 대해 타인이 뭐라 한마디할 수는 있겠지만, 그 관계를 끝낼지 말지 결정하는 것은 나다.

하지만 누군가의 행동을 설명하려면 그가 자율적으로 통제할 수 있다고 생각되는 부분에도 규칙적 패턴이 있어야 하고, 그 패턴은—최소한 부분적으로—인간의 통제력을 벗어난, 그가 인식하지 못하는 외부의 힘에 따라 발생하는 것이어야 한다. 카를 마르크스는 자유와 제약 사이에서 빚어지는 이런 역설을 "우리는 운명을 만들어나가지만, 우리가 선택한 상황 속에서 만들어나가는 것은 아니다"라는 말로 깔끔하게 표현했다. "운명을 만들어나간다"는 부분은 당장의 제약만큼 이해하기 쉽다. 예컨대 나는 일요일 오후에 어디로 차를 타고 갈지 정할 수 있지만, 내가 운전하는 방식은 교통법규나 다른 운전자들의 행동에 따라 결정된다. 여기까지는 어쨌거나 당연한 일이다. 하지만 우리의 정체성이나 행위의 상당 부분에는 우리가 모르는 사회적 원인이 있다. 사회학자는 규칙적 패턴을 탐색하고 여러 세계를 체계적으로 비교하여 그러한 원인을 조명할 수 있다.

대단히 개인적인 것으로 보이는 행동의 사회적 원인을 찾는 연구의 사례로는 사랑과 사회적 정체성의 상관관계를 찾는 연구를 들 수 있다. 상당수 사회에서는 결혼이 가족 간 유대에 가치를 두면서 자녀의 배우자를 선택하는 부모들에 의해 주선된다. 현대인들은 대체로 그런 외적 고려사항으로부터 자유롭다는 것을 자랑스럽게 여기며, 자신들이 막연하지만 강력하게 느껴지는 사랑이라는 정서적 기반에만 기대어 배우자를 선택한다고 생각한다. 옛 형식을 계속해서 구사하는 사람들은 농담거리가 된다. 1990년대에 인기를 끈 〈블라인드 데이트〉라는 TV 프로그램(그후로도 조금씩 변형되어 방영되었다)에서는 결혼 상대가 될 만한 젊은 남녀가 관객에게만 보이는 이성 후보들 중에서 데이트 상대를 선택했다. 선택하는 사람에게 주어지는 정보는 장난 같은 질문에 대한 장난 같은 답변 몇 가지뿐이었다. 이렇게 성사된 데이트 장면이 촬영되고, 커플은 나중에 다시 같은 프로그램에 초대되어 서로에 관해 이야기를 나눈다. 영국에서는 유대인 사업가들이 유대인만을 위한 TV 채널을 만들려고 한 적이 있는데, 이 채널에서 어떤 콘텐츠를 선보일 수 있겠느냐는 질문을 받자, 한 관계자가 경쟁자의 어머니가 데이트 상대를 선택하는 〈블라인드 데이트〉를 간판 프로그램으로 삼을 수 있을지도 모르겠다고 농담했다.

현대인들에게는 부와 교육, 직업을 근거로 배우자를 선택하는 행위가 진정한 감정에 대한 배신처럼 보일 수 있다. 하지만 배우자의 여러 특성을 분석해보면, 사랑과 애정에 근거해 내렸다는 결정들이 정작 선명한 '선택 결혼'의 패턴을 보인다는 사실을 알게 된다. 사랑을 감정이 아닌 다른 고려사항과 타협시킨다는 사실을 의식하는 경우는 거의 없지만(이 사실을 인정하는 경우는 더욱 드물다), 사람들은 대부분 같은 종교, 인종, 계급, 교육적 배경을 가진 사람들과 결혼한다. 부분적으로는 기회의 차이에서 생기는 결과다. 우리는 우리와 유사한 사람들을 만날 가능성이 가장 높으니 말이다. 그러나 동시에 미묘한 세뇌의 문제이기도 하다. 우리가 속한 사회집단은 우리를 사회화하여 특정한 옷차림과 헤어스타일, 태도, 말투, 억양, 어휘 등을 다른 것에 비해 더 매력적이라고 느끼게 한다. 선택은 개인적으로 이루어지는 것처럼 보이지만, 어떤 사람에게 매력을 느낄지(혹은 어떤 사람을 멀리할지)를 결정하는 요소들은 성실한 중매인이 짝을 맺어줄 때 고려할 법한 요소들과 거의 같다.

온갖 신념과 태도에 대해서도 같은 말을 할 수 있다. 누구나 자기는 감정에 휘둘리지 않고 증거를 검토한 결과 정확한 인식에 이르렀기에 이런저런 관점을 가지게 됐다고 믿는다. 하지만 여러 여론조사를 살펴보면 젠더, 인종, 계급, 교육 수준 같은 사회적 특징을 통해 누군가의 신념을 어느 정도 예상할 수 있다는 점이 반복적으로 확인된다. 누군가는 종교를 믿는다는 것을 매우 개인적인 문제로 생각할지 모르지만, 어떤 방식으로 측정하든 모든 산업사회에서는(그 밖의 수많은 사회에서도) 여성이 남성에 비해 독실하고 신앙심이 깊다. 종교적 문화 내에 경쟁적 조직들이 다양하게 존재할 때는 그런 조직들 각각이 아주 선명한 인종적·민족적·계급적 정체성을 가진 경우가 대부분이다. 뉴에이지 영성운동과 연관된 행위들(요가, 명상 등)은 노동계급 남성이나 중산층 사업가 남성들보다는 교육, 간호, 물리치료 등의 돌봄 노동에 종사하는, 대학교육을 받은 중산층 여성들 사이에서 인기가 높다. 한 가지 예외는 점술이다. 교육 수준이 낮은 노동계급 여성들은 상대적으로 수정구슬, 손금, 별자리 점을 보거나 다른 방식으로 미래를 예언하는 사람들을 만나보았을 가능성이 훨씬 높다.

물론, 사람들이 항상 자신의 행위에 대한 자율성을 주장하는 것은 아니다. 인간이 사회에 의해 형성되는 정도를 현대적으로 논의할 때는 사람들이 피해자성을 주장하는 경우를 충분히 고려해야 한다. 어느 사회에서든 사람들이 자기 행위에 대한 책임을 부인하고 싶어하는 경우가 있다. 종교를 믿는 사람들은 신의 분노나 악마의 영향을 탓한다. 세속적인 문화에서는 심리치료 요법의 관점을 취한다. 부모를 탓하거나, 유전자를 탓할 수도 있다. 사회를 비난할 수도 있다. 자살률은 '규제'(regulation)와 '통합'(integration)이라는 한 쌍의 사회적 속성에 따라 사회별로 결정된다는 뒤르켐의 말이 맞는다면, 모든 개인은 자살에 대한 책임을 면제받아야 한다. 사회가 계급 갈등을 통해 진화한다는 마르크스의 모형에 따르면 더욱 그렇다. 우리가 이런 모습으로 존재하는 것은 생산수단과 맺고 있는 관계(각자의 '계급') 때문이고 인간은 그저 계급 갈등의 역학에 따라 생긴 존재라면, 아무도 자신의 운명을 거의 책임질 수 없다. 미드와 쿨리의 상호영향론적 관점은, 범죄에 관한 이름표 붙이기 이론의 가장 급진적인 형태가 그렇듯, 인간을 그 행위로부터 해방시킨다. 누구나 타인이 비난하는 대로 살게 되는 거라면, 그건 타인의 책임이지 우리 잘못이 아니다.

이런 식의 대중화된 사회학적 설명은 사람들이 사소한 비극을 겪으면 자신을 제외한 다른 모든 이를 비난하는, 고백적이면서도 갈등을 유발하는 TV 토크쇼의 활력소 같다. 누군가가 만족스러운 인간관계를 유지할 수 없다면 그건 어린 시절 아버지가 그를 학대했기 때문이다. 학대당한 기억이 나지 않더라도 '재발견된 기억' 이론을 통해 실제로 학대가 자행되었다고 주장할 수 있게 된다. 중년이 되어 관련 치료사의 도움을 받아가며 내면을 성찰하기 전까지는 그 사실을 몰랐더라도 말이다. 마약 중독자, 알코올 중독자, 폭식증 환자, 거식증 환자, 섹스 중독자들이 줄지어 서서 자신들의 문제에 대한 사회적 원인을 주장한다. 어쩌면 전혀 놀랄 일이 아닐지도 모른다. 나중에 개인과 개인이 수행하는 사회적 역할의 관계를 좀 더 다루며 살펴보겠지만, 인간은 개인과 그가 수행하는 사회적 역할을 구분할 수 있기에 이기적 선택에 따라 어떤 행위나 특성은 자기 고유의 것이라고 주장하고 다른 것은 사회적 조건의 산물일 뿐이라고 일축할 수 있다.

학문으로서의 사회학은 이 지점에서 일반인들이 아는 사회학과 여러 면에서 다르다. 첫째, 학문으로서의 사회학은 공평무사를 목표로 삼는다. 일반인은 보통 자신이 지닌 문제는 사회 탓으로, 자신이 거둔 성공은 자기 공로로 돌리고 싶어한다. 하지만 사회학자들은 질병, 가난, 실패, 불행의 사회적 원인은 물론이고 건강, 부, 성공, 행복의 사회적 원인에도 관심을 가진다. 둘째, 학문으로서의 사회학은 증거에 따르는 것을 목표로 삼는다. 셋째, 학문으로서의 사회학은 개인보다는 일반적인 것, 전형적인 것에 관심을 가진다. 물론, 예컨대 비숙련 산업노동자의 전형적 경험을 연구할 수 있는 유일한 방법은 수백 명의 산업노동자 개인에 관한 정보를 수집하는 식일 것이다. 하지만 사회학자는 이들의 경험 중 독특한 부분이 아니라 공통적인 요소들에 관심을 둔다. 일반인들은 소위 인간 행동의 일반적 원칙을 끌어다가 자신의 삶을 이해하고자 하지만, 학자들은 일반적 원칙을 만들기 위해 개인의 인생을 연구한다.

비의도적 결과

사회학적 관점에서 중요한 또 한 가지 요소는 비의도적 결과다. 스코틀랜드 시인 로버트 번즈(Robert Burns)가 간결하게 표현했듯, "쥐들과 인간들이 최선을 다해 세운 계획은 자주 잘못된다". 우리는 어떤 일을 하겠다고 작정하지만, 작동중인 힘을 완전히 이해하지도 못하고 자신의 행위가 타인에게 어떻게 받아들여질지 늘 예상할 수도 없기 때문에 결국 아주 다른 무언가를 달성하게 된다. 사람들이 어떤 이념을 고취하기 위해 만든 조직과 그 이념의 관계를 보여주는 두 가지 사례를 통해 이 점을 설명하겠다.

20세기의 첫 10년 동안 독일에서 좌파 정치운동을 활발히 펼쳤던 로베르트 미헬스(Robert Michels)는 좌파 노동조합과 정당들이 진화할 때 나타나는 공통적 패턴을 보고 충격을 받았다. 이런 조직들은 모두 세상을 재구성하겠다는 급진적 시도로서 시작되지만 점차 보수화되어 현실과 화해했다. 원시 민주주의로 시작했으나 점차 위계서열을 발전시켰다. 겉보기에는 다른 영역이지만, H. 리처드 니버(H. Richard Niebuhr)가 보수주의 개신교 분파들의 세계에서도 비슷한 패턴을 발견했다. 18세기 후반의 감리교 운동은 급진적이었다. 이슬람교에서 신성모독적 타협을 제거하고 싶어하는 오늘날의 이슬람 근본주의자들이 그렇듯, 감리교도들은 보다 순수한 형태의 기독교로 돌아가고자 성공회에서 갈라져나왔다. 초기에 이들은 세상의 재건을 설교했지만 점차 사회적으로 보수화됐다. 처음에는 직업적 성직자 제도에 반대했던(직업적 성직자를 두면 일반인들이 개인적으로 경건해져야 하는 의무를 벗게 되기 때문이었다) 감리교의 성직자들은 점차 성공회 사제들이 행사했던 것과 같은 권력을 행사하게 되었다.

비슷한 패턴이 반복된다면, 그런 사건은 우연이 아니라 일반적인 사회적 과정을 참조해 설명할 수 있는 것이라고 추측할 수 있다. 관련자들의 열망과는 너무도 다른 결과가 나왔기에, 드러난 의도와 동기만 가지고 이런 현상을 설명할 수는 없을 듯하다.

미헬스의 설명은 다음과 같다. 모든 종류의 집단행동에는 조직이 필요하다. 하지만 조직이 생기면, 조직된 사람들과 조직한 사람들 사이에 분열이 일어난다. 후자는 일반 구성원들에 대해 권력을 행사하도록 해주는 지식과 전문성을 획득하여 다른 이들과 구분된다. 조합의 상근자들은 조직 내의 위치를 통해 개인적 만족감을 느끼기 시작하고 이를 공고히 할 방법을 모색한다. 이들은 조직의 지속적 번영에 이해관계가 걸린다. 그러나 일반 노동조합원에게 조합은 그저 이해관계가 약간 반영된 하나의 관심사일 뿐이다. 급료를 받는 상근자들에게는 조합이 고용주다. 조직을 존속시키는 것이 조직의 목표를 달성하는 것보다 중요해진다. 급진적 행동은 정부의 탄압을 야기할 수 있으므로 상근자들은 온건해진다.

정당의 상근자들은 물질적 이해관계로 인해 한때 급진적이었던 신념을 양보하는 동시에, 새로운 준거집단이 생긴 만큼 새로운 시각에 이끌리기도 한다. 이들은 자신들이 이끄는 일반인들보다는 다른 당의 상근자들과 더 많은 것을 공유하게 된다. 주인을 흉보는 하인들이 그러듯, 노동당과 보수당의 활동가들은 자신이 대표하는 사람들의 어리석음에 대해 이야기하고 조직 능률을 제고시킬 처방을 교환한다.

니버도 개신교 분파에서 근본주의가 쇠퇴하는 이유를 비슷하게 설명한다. 1세대 구성원들은 분파의 요구를 의도적이고 자발적으로 받아들였다. 이들은 신념을 위해 희생했다. 18세기와 19세기 초반에는 성공회에서 이탈한 사람들에게 종종 정치적·사회적·경제적 불이익이 주어졌다. 국가는 이들에게서 재산을 몰수하고 다양한 공직에서 일할 기회를 빼앗을 수 있었다. 1세대 분파주의자들은 새로운 신앙에 희망 이상의 많은 것들을 투자했으며, 그런 식의 시험을 거친 이들의 헌신은 훨씬 뿌리 깊은 것이었다. 하지만 이후의 세대들은 자발적으로 분파주의 운동에 참여한 것이 아니다. 이들은 태어나면서부터 분파에 속하게 되었다. 분파의 이데올로기를 받아들이도록 이들을 사회화시키는 데에 아무리 많은 노력을 쏟는다

한들, 이들은 불가피하게 부모보다 헌신도가 떨어졌다.

이들이 신을 찬양하기 위해 부지런히 일하고 사치를 피함으로써 부모보다 나은 생활수준을 달성한 경우에는 더욱 그랬다. 1세대 감리교도들의 후손은 대부분 사회경제적 지위가 향상되었고, 그런 만큼 주류사회에서 일탈할 경우 잃을 게 많아졌다. 이들은 부모보다는 오히려 높아진 지위를 공유하는 다른 사람들과 어울려 지냈다. 이들은 거칠고 세련되지 않은 자신들의 예배공간과 교육받지 못한 목사들, 조악한 민속적 찬송가를 창피하게 여겼다. 이들은 보다 존중받을 만한, 비교적 성공회와 유사한 형식을 지향하는 작은 변화들을 촉구했다.

미헬스가 정당에 관해 발견한 내용은 니버의 또다른 관찰에서도 명확히 드러난다. 분파들은 대부분 모든 신도가 평등하고 조직은 거의 없거나 아예 없는 원시 민주주의 체제로 시작됐지만, 점차 전문적 지도자들이 출현했다. 특히 분파를 창시한 카리스마적 지도자가 사망한 다음부터는 운동을 지속시켜갈 설교자와 교사들을 교육하고 훈련해야 했다. 운동은 조직하고 자산은 보호하고 책들은 출간, 배포해야 했다. 조직이 꾸려지면서 유급 봉사자들도 나타났다. 이들은 분파와 주위 사회의 갈등을 줄이는 데에 이해가 얽혔다. 주류 교회의 성직자들이 중요한 준거집단이 되었다. 분파의 성직자들은 좀더 전문적인 동료들이 누리는 지위와 교육 수준, 훈련, 보상을 자기들도 마땅히 누려야 한다고 느끼게 되었다.

니버가 보기에 분파는 점차 관대해지고 느슨해지며 사회경제적 지위가 향상되는 경향을 보이다가 결과적으로 하나의 종파를 이루는, 종교조직의 단기적 형태였다. 이런 패턴은 쉽게 발견된다. 한 세대 이상이 걸리는 경우도 많지만, 존 웨슬리가 사망한 후 50년이 지났을 때의 감리교도들은 18세기 후반과 19세기의 퀘이커교도들이 그렇듯 이 그림에 들어맞는다. 초창기 신도들의 엄격한 헌신은 특유의 수수한 복장(남자들은 챙 넓은 모자를 쓰면서, 사회적 상급자들에게 이 모자를 벗어 경의를 표하는 것을 거부했다)이나 두드러지는 언어 형식과 함께 비교적 관습적인 스타일에 자리를 내주었다. 초기의 퀘이커교도들은 소설을 읽지도, 극장에 가지도 않으려 했지만 부유한 상인, 제조업자, 은행가가 된 그 손자손녀들은 동등한 사회적 지위를 가지고 어울려 살게 된 성공회교도 이웃들과 점점 비슷해졌다. 19세기 중반이 되면 이들이 복음주의 분파로, 이후에는 다시 성공회의 주류로 경계를 넘어가는 모습이 보인다.

니버의 패턴에는 중요한 진실이 담겨 있지만 몇 가지 전제조건을 달아야 한다. 니버는 변화를 일으키는 분파 내의 압력에만 집중하고 분파 주변의 환경이 끼친 영향력은 과소평가

한다. 성직의 직업화와 관료제의 부상은 사실 외부 사회의 기대에 따라 현대의 모든 집단에 강요된 것인데도 도덕적 나약함에서 기인한 것처럼 설명되는 경우가 많다. 베버가 주장했듯, 전문 직업의식과 관료제는 현대 사회가 뭔가를 조직하는 수단일 뿐이며, 수많은 분파들은 좀더 중앙집권적인 조직으로 거듭나기 위해 부지불식간에 (군복무를 피할 권리나 재산세 납부를 거부함으로써 분파에서 반대하는 성공회에 재원을 제공하지 않을 권리 등을 놓고) 국가와 타협해야만 했다.

나아가 개신교 분파들이 대동소이해졌다는 니버의 주장은 과장된 것이다. 브라이언 윌슨(Bryan Wilson)이 상세히 논의했듯, 분파들은 서로 교리가 달라서 니버가 묘사한 타협을 수용하는 정도도 서로 달랐다. 인간은 자의식이 있고 역사를 통해 학습할 수 있는 존재인 만큼, 다양한 분파들도 여러 세대가 지나서까지 고유한 특성을 유지하기 위해 분파 내부나 주변 사회와의 관계를 정리하려는 노력을 기울일 수 있었다는 점만 지적해도 충분할 것이다. 사회적 패턴이 대체로 그렇듯, 종파적 타협을 향해 나아가는 움직임은 흔하긴 해도 불가피한 것은 아니었다.

이런 사례들을 보면, 인간의 성찰적 사고와는 정반대의 결과가 나오곤 한다는 사실이 깔끔하게 설명된다. 인간은 자신의 행위를 정당화하고 싶을 때, 혹은 변화가 불가능하거나 변화하고 싶지 않을 때 자신을 위로할 목적으로 사회학적 설명을 동원할 수 있다. 하지만 과거의 실수나, 자신의 행위에 대한 사회학적 설명을 통해서 교훈을 얻을 수도 있다. 미헬스의 결론은 흔히 과두제의 철칙(iron law of oligarchy)이라 불리고 니버의 주장은 사회 진화의 기본 법칙을 미헬스와 비슷하게 발견한 것으로 간주되지만, 이것들은 자연과학적 법칙이 아니다. 드문 일이긴 하지만, 무정부주의자들은 타협과 사회적 존중을 향한 인력(引力)을 회피할 수 있다. 급진적 정치운동은, 결과적으로 그 운동의 파멸을 초래한다 하더라도 최초의 에토스에 계속 충실을 기할 수 있다. 분파들은 종파로서의 체면을 향한 인력에 저항할 수 있다. 아미시파나 후터파 같은 공산주의 분파들은 비교적 눈에 잘 보이는 함정들을 피할 방법들을 발견함으로써 200년 동안 두드러지는 성격을 유지해왔다. 먼저 그들은 현대적 농기계 사용에 대한 금지 규정을 만들어 생산성을 낮게 유지했다. 그럼에도 부유해지자 새 땅을 사고 공동체를 분할하는 데에 이윤을 활용했다. 그렇게 함으로써 맞대면 의사소통과 모든 구성원 사이의 친밀한 접촉이 가능한 소규모 공동체를 유지한다는 이점도 얻었다. 이에 따라 공식적인 지도부의 성장은 억제되었고 미헬스의 과두제는 예방되었다.

　브롬화물은 항상 브롬화물이 작용하는 방식대로 작용한다.

그러나 사람들은 무엇을 할지 생각할 수 있다. 그렇다고 항상 자신이나 주변 환경을 제어할 수 있는 건 아니지만, 그들이 자신의 실수나 다른 사람들로부터 무언가를 배울 수 있다는 것만은 분명하다. 물론, 사회학에서도 배울 수 있다. 코뮌을 시작하고 싶은 사람들은 캔터의 연구를 읽고 무언가를 배울 수 있다. 좌파 정당의 지도자들은 미헬스를 연구하고 과두제의 함정을 피하기 위해 최선을 다할 수 있다.

하지만 번즈가 이야기한 문제는 언제나 인간 행위를 복잡하게 만든다. 사람들이 무엇을 하고 있는지, 왜 그렇게 하는지 이해하고 싶다면 그들의 동기와 의도에, 그들이 세상을 어떤 식으로 보는지에 관심을 가져야 한다. 하지만 왜 세상이 이런지를 이해하고 싶다면, 예상치 못한 비의도적 결과들을 염두에 두어야 한다.

제 4 장

현대

관찰자와 피관찰자

사회학은 연구대상과 특이한 관계를 맺고 있다. 사회학은 관찰 대상이 되는 세계와 거리를 둔 객관적 학문인 동시에, 자신이 설명하는 대상의 징후이기 때문이다.

과학에 청교도들이 끼친 영향을 연구한 로버트 머튼(Robert Merton)은 처음에는 유대교가, 다음에는 기독교가 합리화를 이끈 힘이었다고 주장했다. 기독교는 (변덕스럽고 종잡을 수 없게 행동할 때가 많은) 여러 신들 대신에 단 하나의 신만 상정하되 그 신이 세상을 창조하고 결국 종말로 이끌기는 하지만 그 사이에는 별 간섭을 하지 않는다는 제한을 둠으로써, 세상이 질서정연하게 움직인다고 가정하고 물질세계에 대한 과학적 태도를 허용했다. 더욱이 체계적인 연구를 저해하는 방식으로 물질세계 자체를 신성시하지도 않았다. 종교개혁으로 로마 가톨릭교회의 권위가 거부된 이후, 과학자들은 종교적 의무에 구애받지 않고 자유롭게 학문을 추구할 수 있었다. 머튼에 따르면, 현대 과학이 가능해진 것은 기계사용에서의 기술적 진보보다(이 역시 중요하긴 했지만) 세계를 바라보는 새로운 시각 덕분이었다.

사회학이 하필 이 시기에 등장한 이유에 대해서도 비슷한 주장을 할 수 있다. 14세기 아랍 철학자 이븐 할둔과 고대 그리스의 플라톤이나 아리스토텔레스가 철학 및 역사 관련 저술을 하면서 사회학적 관찰을 한 것은 사실이지만, 스코틀랜드 계몽운동을 통해 현대 사회학자들이 승인할 수 있는 학문적 업적이 확인된 것은 18세기 말 애덤 스미스, 데이비드 흄, 애덤 퍼거슨에 이르러서야 일어난 일이며, 사회학이 번창한 것은 20세기에 이르러서야 벌어진 일이다. 이것은 우연이 아니다. 일관적·총괄적인 문화, 소수이지만 강력한 사회 제도, 그 제도들을 신의 권위로 떠받치는 종교가 있는 전통 사회에서는 세상을 사회적 구성물로 보기가 쉽지 않았다. 다른 삶의 방식이 가능하다는 걸 알고 있었던 사람, 문화가 아주 다른 외국으로 여행을 간 사람들도 일부 있었지만, 이들이 당연하게 받아들이고 있던 사회적 세계가 너무 견고해서 상대주의적 사고는 억제되었다. 전통의 약화, 종교적으로 정당화되는 사

회 질서의 쇠퇴, 사회적 다양성의 증대는 모두 사회학의 필수
적 전제조건이었다.

현대성(modernity)

이쯤에서 현대의 두드러지는 특성을 상세히 설명하면 좋겠
다. '현대의'(modern)라는 말은 '지금 존재하는 것'(extant now)
을 뜻하는 게 아니다. 그 단어에는 연대 이상의 정보가 담겨
있다. 현대화는 생물의 힘에 대한 무생물의 힘의 비율에 변화
가 일어나면서 나타난 장기적이고 복잡한 일련의 결과들을
일컫는다. 외계인에 대한 폰 데니켄의 설명이 맞는 게 아니라
면, 고대 이집트의 피라미드는 인간과 짐승이 무게를 줄일 도
구라고는 오직 지렛대와 경사면만 사용해 지은 것이다. 현대
인들은 화석연료로 작동하는 기계를 활용해 건물을 지음으로
써 생산성을 엄청나게 증대시킨다. 이와 같은 변화의 결과에
대한 이 책의 설명은 개략적 스케치일 뿐이지만, 사회학이 연
구대상으로 삼는 현대적 사회 형태의 어떤 면을 (인류학자들의
연구대상인 전통 사회에 견주어) 독특하다고 여기는지 정리해줄
것이다.

제조업은 점점 세밀하게 분화되었다. 작업도, 작업을 수행
하는 사람들도 매우 전문화된 지금, 우리는 서로에게 의지한

다. 중세에는 소농들이 가진 물건 중 직접 만들지 않은 게 별로 없었고, 부자들의 소유물도 소수의 직인들이 생산한 것이었다. 그러나 지금은 일본이나 독일의 가난한 사람들조차 세계 반대편에서 만들어진 물건들을 소유하고 다른 대륙에서 운송되어오는 음식을 먹는다. 생산은 더이상 가족과 소규모 공동체만이 참여하는 사적 활동이 아니다. 교환은 (물물거래가 아니라) 현금이라는 비인격적 매체를 통해 이루어지고 시장에 의해 중재된다. 산업사회에 사는 사람들은 농업사회의 조상들보다 자립성이 훨씬 떨어지지만, 그 속에서 느껴지는 무력감 때문에 사적 연대를 강화하지는 않는다. 단지 협력의 공식적 수단을 더욱 필요로 하게 될 뿐이다. 우리는 마을의 공유 목초지에서 비공식적 대화를 통해 필요한 것들을 구하는 대신, 인터넷 검색으로 물품 목록을 뒤진다.

사회체제가 점차 전문화되면서 생산 영역에서의 노동 세분화가 심해지면 그 경향이 비경제적 영역에도 반영된다. 산업사회는 농업사회에 비해 훨씬 심하게 '분화'되어 있다. 종교의 소관영역이 줄어들었다는 점이 이를 보여주는 좋은 사례. 중세 유럽에서는 교회가 초자연적 힘에 접근하게 해주었을 뿐 아니라 민정, 교육, 구빈, 사회기강 확립까지도 담당했다. 현재 민정은 정부 부처의 소관이고 교육은 어린이집, 각급 학교, 대학이 제공하며 복지는 사회단체가 제공하고 사회기강은 경찰, 법원, 교도소에서 관장한다.

가족도 전문화되었다. 농업사회에서는 가족이 생물학적·사회적 재생산을 관장하는 사회 제도였을 뿐만 아니라 보통 경제적 생산의 단위이기도 했다. 산업사회에서는 경제행위가 대부분 별개의 가치관과 운용규정을 갖춘 독립적인 환경에서 이루어진다. 우리는 집을 떠나 일터로 간다.

산업화가 진전되면서 불평등의 성격과 그 사회적 결과도 달라졌다. 이론적으로 사람들은 더 비슷해졌고 세계는 많은 면에서 비교적 공정해졌다. 동시에, 온갖 부류들 사이의 사회적 거리는 늘어났다. 농업사회에서는 지위에 상당한 격차가 있었어도 대부분의 사람들이 비슷한 삶을 친밀하게 살아갔다. 중세의 성채와 요새에서는 상류층과 그 하인들이 같은 방에서, 오직 커튼으로만 나뉘어서 자는 경우가 많았다. 영주는 깨끗한 짚을 깔고 잘 수 있었을지 모르지만, 영주와 하인 모두가 짚을 깔고 잤다는 점은 같았다. 그들은 같은 테이블에서 식사했고, 상류층과 하층민을 가르는 것은 소금 접시밖에 없었다. 사회 구조가 대놓고 위계적이었으므로 윗사람들은 아랫것들이 가까이 있다고 해서 위협을 느끼지 않았으며, 마음 편하게 동일한 물질적·정신적 공간에서 지낼 수 있었다. 같은 식탁에서 하인들이 빵을 먹는 동안 주인 가족은 고기를 먹었다.

산업화는 봉건적 사회질서라는 엄청난 피라미드를 무너뜨

렸다. 혁신과 경제적 팽창은 직업 이동성을 수반했다. 사람들은 더이상 가족 대대로 해왔다는 이유만으로 주어진 일을 하지 않게 되었다. 직업의 변화와 사회적 진보 때문에 사람들은 자신을 고정된 '신분'을 가지고 있는 존재로 보기가 어려워졌다. 더욱이, 경제성장이 이루어지면서 **물리적** 이동성이 커지고 낯선 이들과의 접촉도 늘어났다. 심한 불평등은 힌두교의 카스트제도처럼 위계가 보편적으로 받아들여지는 경우에만 용인되고 조화를 이룬다. 군인들은 획일적 서열에 묶여 있고 그 서열이 제복에서부터 드러나기에 한 연대에서 다른 연대로 옮겨가더라도 자신의 위치를 알 수 있다. 그러나 복잡하고 유동적인 사회에서는 낯선 사람이 나보다 위인지 아래인지 알기가 쉽지 않다. 누가 먼저 경례해야 하는지 알아내기 어려워지는 순간, 사람들은 더이상 경례하지 않는다. 평등이 기본적 규범이 되며, 가장 명백한 형태의 경의는 누구도 표하지 않게 된다.

평등주의적 역학은 가정과 직장이 분리되면서 더욱 강해진다. 낮에는 농노로 지내다가 저녁과 주말에는 자유로운 개인으로 사는 건 불가능하다. 진짜 농노는 오직 전일제 농노뿐이다. 반면에 1800년 요크셔 로즈데일의 납 광산에서 일하는 광부는 일터에서야 심한 채근에 시달리더라도 늦은 저녁과 일요일에는 옷을 갈아입고 페르소나도 바꾸어서 높은 명망과

입지를 가진 감리교도 설교자가 될 수 있었다. 이런 역할 교체 가능성을 통해 중요한 변화가 드러난다. 직업이 모든 것을 아우르는 총체적 위계에서 풀려나 업무 자체로 특화되는 순간, 사람들은 다양한 위계 내에서 다양한 위치를 점할 수 있게 된다. 이를 통해 역할과 역할 수행자 간의 구별이 가능해진다. 역할에는 서열이 생기고 아주 다른 정도의 존경, 권력, 지위가 부여될 수 있지만, 그 역할 수행자는 모종의 추상적 차원에서 평등하다고 간주될 수 있다. 바꿔 말해, 모두가 유일한 위계질서 내에서 한 가지 신분만 가질 때에는 평등주의가 불가능했다. 소농과 그의 봉건 영주를 똑같이 대하는 건 세상을 전복시킬 위험이 있는 행동이었기 때문이다.

하지만 직업을 그 직업 종사자와 별개로 판단할 수 있다면, 예컨대 공장에서는 필수적인 질서를 유지하면서 업무 이외의 맥락에서는 다양한 판단 체계를 가동하는 것이 가능해진다. 철강회사 사장은 노동자들을 통제할 수 있지만, 지역 교회에 가면 같은 장로로서 현장감독 옆자리에 앉을 수 있다. 물론 권력과 지위는 이전 가능한 경우가 많다. 한 영역에서 영향력 있는 인물이 되면 다른 영역에서도 영향력을 키우게 될 가능성이 높아진다. 철강회사 사장은 예배당 건축 비용을 대주고 그 교회에 다니는 사람들을 통제하게 될 거라 기대할 수 있지만, 그런 일은 그의 부가 겉으로 드러나는 경건함과 어우러질 때에만 가능하다. 그렇지 않으면 사장이 자기 뜻을 내세울 때마다 그 교회에 다니던 사람들이 옆 교회로 옮기는 식의 반응을 보일 수 있다. 간단히 말해, 전통 사회가 파편화되면 적어도 추상적인 차원에서 대동소이하게 보이는 자율적 개인들이 부상할 수 있게 된다.

평등주의가 출현하게 된 구조적 원인이 역시 평등주의를 지향하는 이데올로기적 압박도 강화시켰고, 거꾸로 그에 따라 강화되기도 했다. 초기의 현대 산업사회 중 개신교 사회가 유달리 많았던 건 우연이 아니다. 16세기 종교개혁에는 200여 년 후 프랑스 혁명에서 설파한 '자유, 평등, 박애'의 씨앗이 담겨 있었다. 마르틴 루터와 장 칼뱅은 현대적 의미에서의 자유주의자들이 아니었다. 그들은 모든 사람이 많은 면에서 똑같다고 주장했지만 그 말은 모두가 죄인이며 신 앞에서만 평등하다는 뜻이었다. 그렇지만 신 앞에서의 평등은 인간 앞에서의 평등에, 또한 법 앞에서의 평등에 초석을 놓았다. 사회와 정체(政體), 경제가 단 하나의 통합적이고 정연한 우주를 이루고 있을 때는 종교개혁에 내재된 평등주의가 위계질서를 유지하려는 권력자들의 고집에 한 발 물러서야 했지만, 그 단일한 우주가 별개의 여러 부문으로 쪼개지자 민주주의적 잠재력이 실현될 수 있었다.

지금의 경제나 민족국가의 필요조건인 종교개혁의 한 가지 결과, 즉 문해력의 확산도 우연히 민주주의의 성장을 촉진했다. 사제 계급에 복종하고 의식을 거행할 것을 요구하는 종교라고 해서 반드시 신도들에게 고분고분하고 수동적인 사람이 되라고 요구하는 것은 아니다. 하지만 그런 종교는 반대의 성향을 북돋지도 않는다. 반면에 모두가 신의 말씀을 공부하고 신의 계명에 복종할 직접적 책임을 진다고 말하는 종교는 개인의 자율성을 권장하며 사람들에게 그 말씀을 읽을 능력을 제공해야 한다. 종교개혁가들은 식자들의 국제 언어인 라틴어로 되어 있던 성경을 평민들이 쓰는 수많은 나라의 언어로 번역했다. 대중에게 읽기를 가르치기도 했다. 이런 행위에 깃든 혁명적 잠재력은 잘 알려져 있었다. 늦게는 19세기 초반까지도 멘디프(영국 남서부 서머싯주의 한 지역—옮긴이)에 여러 학교를 세운 복음주의 기독교도 해나 모어(Hannah More)는 제자들에게 쓰기가 아닌 읽기만 가르치려 했다. 쓰기는 위험할 정도로 해방적인 행위였지만 읽는 행위는, 특히 사회적으로 보수적이고 도덕적으로 희망을 주는, 그녀가 직접 쓴 글을 읽는 행위는 안전했다. 해나 모어는 실패했다. 그녀의 제자들은 새로운 기술을 가져다가 자신들의 필요에 맞게 활용했다.

흔히들 평등주의의 핵심을 종종 오해한다. 내가 하려는 말은 현대화로 인해 부와 권력에서의 격차가 전면적으로 사라졌다는 게 아니다. 나는 마르크스와 같은 입장에서, 산업자본주의의 계급구조는 봉건적 의무와 상호적 책임이라는 복잡한 그물을 단순한 계약으로 대체했기 때문에 그 직전의 위계질서에 비해 좀더 단순하고 유동적이었다는 말을 하는 것이다. 또 사람들이 더이상은 부와 권력, 지위의 격차를 좀처럼 인정하지 않아서 그런 차이가 위장되는 경우도 많아졌다.

마르크스가 틀린 건 여타의 모든 사회적 구분이 그의 말마따나 '생산수단과의 관계'로 대체되면서 계급 구분이 경직될 거라고 생각했다는 점이다. 마르크스의 관점에 따르면 결국 양대 계급밖에 남지 않게 된다. 생산수단을 소유한 자본가 계급과 그렇지 않은 프롤레타리아 계급이 그것이다. 이 두 집단은 점점 더 심한 갈등을 일으키게 되고, 그 결과 사유재산은 사라지고 공산주의가 자본주의를 대체하는 최종적 혁명이 일어난다.

혁명에 관한 마르크스의 예측은 확실히 틀렸다. 계급 구분의 경직성이 심화되리라는 오해에서 비롯된 오류다. 계급 구분은 오히려 완화되었다. 베버가 지적했듯, 마르크스의 계급들 내에도 중요한 구분이 있었다. 마르크스 이론에서는 모든 프롤레타리아가 (점점 새는 구멍이 많아지는) 같은 배에 타고 있다. 하지만 베버가 정확히 보았듯, 자본이 없다는 점에서는 같은 사람들도 가지고 있는 힘이 서로 달라서 삶에서 누리는 기회도 다를 수 있다. 희귀한 기술을 갖춘 사람들(예컨대 전문직 종사자들)은 근무 조건과 보수에 대해 상당한 통제력을 행사할 수 있었다. 자본은 없지만 자본주의적 기업을 일상적으로 통제하면서 비숙련 노동자들과는 상당히 다른 지위를 누린, 관리자라는 중요한 집단도 있었다. 나아가 합자회사의 성장은 점점 더 많은 자본이 개인이 아닌 연금기금이나 보험회사 같은 집합적 주체들의 소유가 되었다는 뜻이었다.

마르크스는 직업구조 내에서의 **유동성**이 낳는 결과를 제대로 인식하는 데에도 실패했다. 19세기와 20세기 초반을 통틀어 농업 분야에서 일하는 인구의 비율은 꾸준히 떨어졌다. 농장 노동자들은 큰 마을과 도시로 이주했고 공장으로 옮겨갔다. 20세기에는 비숙련 육체노동에 종사하는 사람들의 비율이 꾸준히 떨어졌다. 1911년에는 영국의 고용인구 중 4분의 3 이상이 육체노동자들이었다. 1964년에는 이 비율이 절반으로 떨어졌고, 1987년에는 겨우 3분의 1이 되었다. 계급구조를 상자 여러 개를 쌓아놓은 안정적인 피라미드라고 볼 수 있다 하더라도(이에 관해서는 좀더 다루겠다) 그 상자들의 내용물은 지속적인 유동 상태에 있었다. 사람들은 겨우 한 세대 사이에 그 상자 안팎을 넘나드는 경우가 많았으며 두 세대 동안에는 거의 항상 그런 일이 벌어졌다. 마르크스의 예상과는 달리 사람들이 자신을 계급에 의해 정의되는 존재로 보지 않은 아주 강력한 이유 중 하나다. 사람들은 단 하나의 사회적 위치에 충분히 오랫동안 머물지 않았던 것이다.

베버는 계급을 시장 상황으로서 개념화하고 보상 및 자율성에서의 구조적 차이에 초점을 맞추는데, 이런 시각은 마르크스의 자본-노동 도식에 비해 훨씬 더 쓸모 있는 것으로 입증되었다. 현재의 계급 분석은 대개 사람들을 다음과 같이 나눈다. 서비스 계급의 사람들, 즉 **봉급생활자** 계층(salariat)은 그들을 고용한 조직을 대신하여 위임된 권위나 특화된 지식, 전문성을 행사한다. 그 대가로 이들은 괜찮은 수입과 직업 안정성, 출세, 연금, 나아가 자신이 적절하다고 생각하는 방식대로 업무를 만들어갈 상당한 자유를 누린다. **노동자 계급**은 상대적으로 단기적인 노력을 금전과 교환함으로써 불연속적인 노동량을 제공하는 숙련 및 비숙련 육체노동자들로 이루어져 있다. 이런 직업들은 더욱 강도 높게 감독되고 통제된다.

서비스 계급과 노동자 계급의 사이에는 **일반 사무직 계급**이 있는데, 이 계급은 서비스 계약과 순수한 노동 계약의 요소들이 결합된 고용 관계로 정의된다. 넷째 계급은 **소자본가 및 자영업자**들로 이루어져 있는데, 이들은 서비스 계급의 자율성을 누리지만 노력과 금전을 '조각'내서 교환하거나 시간제로 교환하기도 한다. 마지막으로는 **농부와 농업노동자**가 구분되는데, 이들의 노동은 다른 유형의 소자본가나 육체노동자와는 현저히 다른 경우가 많다. 이들은 토지를 소유하고 가족을 생산에 참여시키며 현물로 급료를 지불하거나 받는다(특약주점 tied housing과 유사한 형태).

이런 구분 체계는 일상적으로 말하는 계급보다 더 복잡하지만 수많은 이점이 있다. 첫째, 이 범주들은 삶의 기회를 좌우하는 것들에 대한 분명하고 검증 가능한 이론에 토대를 두고 있다. 둘째, 이 범주들이 사회적 패턴을 설명하는 데에 효율적이라는 점이 거듭 입증되었다. 셋째, 이 범주들은 사회적 이동성에 대한 국가 간 비교에서 광범위하게 활용되었다.

사회적 이동성(social mobility)이라는 말은 계급 간 이동 정도를 의미하는데, 보통은 두 가지 물음을 염두에 두어야 한다. 즉, '한 사람이 평생 동안 한 계급에서 다른 계급으로 이동할 가능성이 얼마나 높은가?'와 '그 사람이 결과적으로 부모와는 다른 계급이 될 가능성이 얼마나 높은가?'이다. 현대 계급 분석의 가장 놀라운 결과 중 하나는 지위가 바뀔 상대적 확률이 사회 전반적으로 별로 다르지 않다는 점이다. 일본, 오스트레일리아, 미국처럼 새롭고 근본적으로 재구조화된 사회들은 영국보다 훨씬 개방적일 거라고 추측할 수 있겠으나, 신뢰도가 높은 연구들에 따르면 이런 사회들을 포함한 주요 산업 사회는 대단히 유사한 이동성 체제(mobility regimes)를 보이고 있었다. 다시 말해, 이런 사회들은 비슷한 정도로 유동적이다. 더욱이 계급구조의 변화에서 이득을 본 운 좋은 사람들은 민기 어려울지 모르겠지만, 상대적인 계급 이동 가능성은 20세기 내내 거의 동일하게 유지되었다.

이런 발견이 놀라운 것은 우리가 삶의 기회들을 사회 구조의 특징이라기보다 개인의 자산으로 여기는 경향이 있기 때문이다. 사회적 이동성은 이동 가능한 개인들의 특징뿐 아니라 출신 계급과 목표 계급의 수용량에도 영향을 받는다. 어떤 계급에서 태어나든, 높은 계급으로 올라갈 확률은 체제의 유동성만이 아니라 마지막에 진입하고 싶어하는 상자의 크기에 좌우된다. 20세기 내내 계급 위계의 형태는 육체노동에 종사하는 사람들의 숫자가 줄어들고 화이트칼라 및 전문직 부문이 빠르게 성장하면서 피라미드(소수의 엘리트, 약간 더 많은 서비스 계급, 다수의 노동자 계급)에서 마름모꼴로 변했다. 이런 변화의 결과로서 모두에게는 상위로 이동할 기회가 더 많아졌지만, 밑바닥에 있는 사람과 맨 꼭대기에 있는 사람이 마침내 최상부로 가게 될 확률의 상대적 비중은 거의 동일하게 유지되었다. 사회학자 고든 마셜(Gordon Marshall)이 표현한 그대로다.

'최상부의 공간'이 넉넉하다고 해서 그곳에 이를 기회가 좀더 평등하게 주어지는 건 아니다. 실제로는 새로 진입한 봉급생활자 중 이미 특권적 계급 지위에 있는 부모들의 자녀가 차지하는 비중이 높아졌을 뿐이다. 요컨대, 숙련 화이트칼라 일자리가 늘어나면서 계급 이동의 기회가 전반적으로 늘어나긴 했지만, 계급마다 주어진 기회의 비율은 동일하게 유지되었다.

달리 말하자면, 노동자 계급의 자녀들도 화이트칼라 일자리가 늘어나면서 혜택을 보았으나 중간 계급의 자녀들도 마찬가지였다는 것이다.

이를 어떻게 판단할지는 우리 각자가 원하거나 기대하는 바에 크게 좌우된다. 사회정의에 관심이 있다면, 최상부의 사람들이 여전히 우위를 차지하고 있다는 점이 맥 빠지게 느껴질 것이다. 하지만 사회적 이동성의 **절대적** 수치에 관심이 있다면, 상응하는 숫자의 서비스 계급 사람들이 반대 방향으로 가지 않았더라도 그 많은 노동자 계급 사람들이 서비스 계급으로 부상했다는 사실이 어쨌든 인상적이긴 할 것이다. 상당수 사람들이 현재 더욱 편안하고 부유한 인생을 살고 있는 것은 기회가 좀더 균등해졌기 때문이라기보다 경제적 변화가 일어났기 때문인 경우가 훨씬 많지만, 그렇다고 해서 변화의 규모를 간과해서는 안 된다.

서비스 계급의 팽창은 내가 현대화를 설명할 때 중요하게 꼽는 다음 요소, 즉 민족국가로 가는 연결고리가 되어줄 수 있다. 우리는 세계를 프랑스, 독일, 이탈리아 등등으로 나누는

지도들과 국가 간 전쟁에 너무 익숙해져 있어서, 이런 식으로 사람들을 구분하고 조직하는 게 새로운 일이라는 점을 쉽게 놓친다. 종교와 언어에 따라 자기들끼리 결속하고 이웃들과 구분되는 민족 집단들은 아주 오래전부터 존재해왔지만, 18세기까지는 대부분의 경제 권역과 정체(政體)가 현재의 국가보다 크거나 작았다. 촌락과 도시가 한 예이고 왕국과 제국(여러 국가의 영토를 아우를 수 있는)이 다른 예이다. 민족국가가 성장하려면 그 정부조직을 채울 관료들의 숫자를 끊임없이 늘려야 한다. 20세기에는 민족국가가 복지국가가 되었는데, 그 때문에 보건, 사회 안전, 주거, 교육 영역에서 엄청나게 많은 전문직 중산층 일자리들이 생겨났다.

현대인들의 삶이 공동체보다는 민족국가에 의해 조직된다는 점은 사회와 문화의 연결에 모순적인 결과를 가져왔다. 민족국가는 일정 수준의 내적 균질성을 요구하면서 공통의 언어와 국가적 역사(영웅적이면 더 좋다)를 통해 공통적인 정체성을 장려하며 조국에 대한 충성을 요구한다. 하지만 동시에 현대 민족국가는 국경 내의 문화적 다양성을 상당 부분 받아들일 수밖에 없다.

다양성의 원천은 여러 가지다. 미국, 캐나다, 오스트레일리아 등 신세계 국가들이 경험했듯, 이주민들은 자신의 문화를 가져온다. '브리튼'이 '유나이티드 킹덤'이 되었을 때처럼 국가가 점점 팽창하여 새로운 사람들을 아우를 수도 있다. 독일과 이탈리아에서 그랬듯, 수많은 공화국, 왕국, 공국들로부터 단일 국가가 만들어질 수도 있다. 이뿐이 아니다. 현대화 자체가 사회 내에서 문화적 다양성을 만들어내기도 한다. 봉건 세계에서는 단 하나의 교회가 거의 모든 인구를 아우르면서 사람들에게 단일한 가치관과 규범을 부과했다. 하지만 산업화가 이루어지면서부터는 처지가 비슷한 사람들로 이루어진 공동체들이 계급들로 파편화되었고 이 계급들은 나름의 이해관계를 발전시켰다. 이처럼 증대되는 사회적 다양성은 종교 문화에도 반영되었다. 예컨대 개신교에서는 서로 경쟁하는 분파들 사이에서 문화가 파편화되었고, 가톨릭이나 루터교의 경우에는 강한 종교색을 유지하는 교파와 자유주의적이고 세속적인 교파로 더욱 근본적으로 분열되었다. 신사 계급(그리고 그들이 통제하던 농업노동자들)은 성공회 내에 머물렀다. 대주교, 주교, 사제로 이루어진 성공회의 위계적 구조가 세상을 신이 정한 피라미드라고 보는 귀족적 관점과 잘 맞았던 것이다. 하지만 도시의 상인과 숙련된 직인, 보다 독립적인 농부 등은 좀더 민주적인 형태의 종교에 매력을 느꼈고 일련의 분열을 지지했다. 한때 통합된 문화였던 것이 구체적으로 어떻게 분열되었는지도 중요하긴 하지만, 그보다 더 중요한 건 이런 분열의 결과다.

점점 심화되는 사회적 다양성에 직면한 민족국가에는 단순한 선택지가 있었다. 일치를 강요하느냐, 관용을 베푸느냐의 선택지였다. 보통 관용은 일치를 강요하려는 시도가 명백하게 실패했을 때만 받아들여지는 차선책이었으며 고작 최근에야 수용되었다. 영국에서는 소수 교파에 대한 제한이 19세기 중반에 이르러서야 완전히 철폐되었다. 가톨릭교도들은 1829년까지도 투표권을 얻지 못했다. 옥스퍼드와 케임브리지는 1870년대까지도 입학 때 종교 시험을 치르게 했으며, 의회 의원들에게도 치르게 했던 종교 시험은 1891년에야 폐지되었다. 국가가 18세기 이래로 무척 불안했던 종교적 문화를 보존하려던 최후의 흔적들이다. 퀘이커교도들은 박해를 당했는데도 부유해지고 권력을 갖게 되었으며, 1830년대에 이르러서는 감리교도들과 침례교도들도 수가 너무 많아져 공적 삶에서 배제시키기 어려웠다. 다양성의 심화가 앞서 설명한 평등주의의 부상과 연결되면서 국가는 문화적 차이를 수용할 수밖에 없었다. 선구적인 현대 국가들에서는 대체로 (민족의 속성에는 문화적 일관성과 공동의 조상이 필요하다고 가정하는) 종족적 민족주의가 쇠퇴하고, 시민들에게 법을 따르고 세금을 내고 유사시 국가를 지키기 위해 싸울 것만을 요구하는 공민적 민족주의가 그 자리를 대신했다.

문화적 다원주의는 오랜 기간에 걸쳐 사회 구조와 그 속에서 살아가는 사람들의 심리에 근본적인 변화를 가져왔다. 사회적 차원에서는 공적 세계와 사적 세계의 분화가 심해지는 모습이 보인다. 사람들은 집에서, 여가 시간에, 사적으로 자기가 원하는 것을 할 자유를 점점 더 많이 누리게 되었다. 동시에 공적 영역에서는 관련 규정에 의해 관용이 점점 더 강제되었다. 우리가 '차별'이라는 말을 쓰는 방식을 보면 이런 중대한 변화가 나타나는 수많은 일화를 찾을 수 있다. 19세기 초반에는 고위 공직에 있는 사람이 그 공직을 활용하여 자기 가족과 친구들의 이익을 증진시키는 것이 상당히 정상적인 일이었다. 후원(patronage)이 사회적 출세의 핵심이었다. 예를 들어, 교회 직분 임명을 통제하는 대지주들은 부유한 교구나 대성당 직원 자리를 자기 친족이나 같은 정도의 호의를 베풀어줄 수 있는 다른 부유한 후원자의 아들에게 제공할 것으로 기대되었다. 군대의 고위 장교나 공무원들은 자신들이 통제하는 공직에 친지들을 임명하곤 했다. 오늘날이라면 이런 체제를 불공정하다고 여길 것이다. 족벌주의(친족의 이익을 도모하는)는 더이상 설명적인 용어가 아니라 비난이다. 나아가—현대 세계의 작동원리에 대한 더욱 중요한 통찰이기도 한데—우리는 그런 체제를 비효율적이라고 간주한다.

현대 사회는 제조업 분야의 산업화에 깔려 있는 원칙들을 다른 분야의 조직에도 적용한다. 우리는 눈앞의 과제에만 집중하고 다른 고려사항들은 무시할 때에 일이 가장 잘 이루어질 것이라고 가정한다. 예컨대, 군인이 진급하는 건 장군의 아들이기 때문이 아니라 자기 임무에 대한 적성을 보여주었기 때문이기를 기대한다. 성직자가 임명될 때는 그의 가족이 교구의 신사 계급과 서로 영향을 주고받는 사이라서가 아니라 그 스스로 적절한 영성을 보여주었기 때문일 거라고 생각한다. 고등교육을 받을 자격은 학문적 역량에 따라 주어져야 한다고 여긴다. 이처럼 당면 과제에 집중하려면 '보편주의적' 태도를 취해야 한다. 예를 들어, 누구나 공공주택을 배정하는 가장 효율적이고 공정한 방식은 수요를 측정할 기준(자녀의 수나 현재 주거의 상태)을 확립하고 집이 빌 때마다 도움이 가장 절실한 사람에게 배정하는 것이라고 생각한다. 선출직 의원들이 가난한 이민자들에게는 임대주택을 제공하지 않기로 함으로써 편견 심한 유권자들을 대표한다는 사실이 드러나면, 우리는 그들이 차별을 일삼았다고 비난하면서 주택 배정이 합리적이고 공정한 기준에 따라 이루어지도록 할 새로운 규칙과 절차를 수립할 것이다.

물론 권력집단은 시민사회의 요구에 선선히 고개를 숙이지 않으므로 갖가지 갈등 현장에서 지루한 쫓고 쫓기기가 목격된다. 미국이 흑인들에게 투표권을 주었을 때 남부의 많은 주들은 만인에게 적용된다는 면에서 겉으로는 공평해 보이지

만 사실은 흑인들의 투표를 제한하려는 의도에서 유권자 요
건을 마련함으로써(문해력 시험 등) 백인의 우월성을 보존하려
했다. 그럼에도 불구하고 다수의 흑인들이 투표에 참여하기
시작하자, 그들의 투표 효율성을 떨어뜨리는 방식으로 선거
구를 획정했다. 저밀도의 백인 하원의원 선거구를 다수 만들
고, 아주 많은 수의 흑인들을 아우르는 소수의 선거구들을 만
듦으로써, 백인 한 명의 표가 흑인 세 명 혹은 네 명의 표와 똑
같은 영향력을 행사할 수 있게 된 것이다. 이에 대한 연방정부
및 법원의 반응은 새로운 도피성 전략을 방지할 법률들을 신
설하는 것이었다.

현대 사회에서 시민권은 순조롭지 않게, 불완전한 방식으
로 진보했다. 기회의 평등을 다지기 위한 모든 입법 노력에도
불구하고 수많은 집단이 여전히 체계적으로 불이익을 받고
있다. 개인의 법적·정치적 권한을 증진하고 차별을 방지하려
는 노력은 제법 있었지만, 계급이나 젠더, 인종과 같은 사회적
특징에서 비롯되는 권력과 부의 격차를 해소하려는 노력은
별로 펼지 못했다. 불이익을 받는 집단들이 여러 면에서 유리
하게 출발하도록 해줌으로써 부를 재분배하거나 진정한 기회
의 평등을 꾀하려는 전략은 대체로 차별 철폐 혜택을 받게 될
집단에 속할 수 없는 사람들의 개인적 권리가 침해될 거라는
반대 주장으로 인해 좌절되었다.

21세기 초반에는 몇몇 진보적 경향이 역전되는 모습도 보였다. 중산층은 같은 지위에 있는 사람끼리 결혼할 가능성이 높아졌고, 이에 따라 자신들의 이점을 자녀에게 물려줄 가능성도 높아졌다. 심지어 노동자 계급 사이에서도 상속세는 인기가 시들해졌다. 영국의 경우 1917년에는 상속세가 정부 수입의 10퍼센트를 차지했으나 2016년에는 그 수치가 1퍼센트 미만이었다. 이와 비슷한 패턴이 대부분의 현대 사회에서 보인다. 스웨덴은 21세기에 들어 상속세를 전면 폐지했다. 그 결과 부가 다시금 소수의 손에 집중되어간다.

하지만 우리 사회가 특정한 형태의 불평등에서 벗어나지 못하고 있다는 이유로 다른 형태의 불평등이 얼마간 완화된 걸 도외시해서는 안 된다. 현대 사회는 200년 전까지만 해도 전적으로 용인될 수 있었던 차별적 관습들을 불의하고 비효율적인 것으로 여기면서 그 시정을 위해 활발하게 노력한다. 19세기에는 사람들이 "주제를 알고" "분수를 저버린 생각은 하지 말라"는 얘기를 대놓고 했다. 그러나 21세기를 사는 우리는 계급 분화를 부끄러워한다.

요컨대, 공적 영역이 '친족 밀어주기' 같은 문화적 규범에서 점점 더 자유로워지는 한편, 누구나 개인적으로 선호하는 일을 할 수 있는 자유를 점점 더 많이 누리고 있다. 오늘날에는 종교적 선호와 성적 지향이 대체로 개인의 문제다. 이런 변화에 대한 중요한 사회학적 주장은 이상주의적 철학자의 설명과 구별된다. 사회학적 설명은 개인적 자유의 증대가 특정 인이나 특정 집단이 자유를 좋은 이념이라고 여겨서 나온 결과라고 보지 않는다. 세상을 지금처럼 만든 건 프랑스 혁명가들이나 흑인 인권운동가들의 슬로건이 아니었다. 그런 사회운동은 대체로 현대화의 힘을 불가피하게 수용함으로써 이미 진행중이던 변화를 정당화하고 강화한 것들이었다. 경제적·정치적 구조의 변화는 사람들을 대하는 기본적 태도의 변화를 요구했다. 만인이 기본적으로 평등하다고 가정하고 지속적인 사회 갈등의 대가를 치르고 싶어하지 않는 상황에서, 사적 영역과 공적 영역의 구분은 심화된 사회적·문화적 다양성을 수용하기 위한 필수 요소였다.

이로써 사회적 파편화에 대한 구조적 반응을 설명할 수 있다. 신념과 가치관을 유지하는 방식에도 뚜렷한 변화가 있었다. 이런 변화는 종교 영역에서 시작되어 머잖아 다른 영역으로도 번져나갔다. 지배적인 종교 문화가 처음 파편화되었을 때에는 각 분파가 오직 자신만이 옳다고 강변했지만, 다양성이 심화되면서 그런 신념은 취약해졌다. 신념을 유지하기 위한 좋은 방법 중 하나는 자기 시각의 우월성을 주장하면서도 남들이 잘 모르는 이유를 설명할 수 있는 이론을 제시하는 것이다. 19세기 영국의 선교사들은 신이 다양한 인종의 사회적 진화에 걸맞은 형태로 모습을 드러낸다고 주장했다. 예를 들어 오스트레일리아 원주민들과 아프리카인들은 정령신앙을 받았고, 보다 발전한 아랍인들은 이슬람교를 받았으며, 남부 유럽인들은 가톨릭을 차지했다는 식이었다. 하지만 북부 유럽인들(특히 영국인들)에게 신은 복음주의 개신교의 형태로 자신을 완전히 드러냈다. 우리는 이런 주장을 펼친 사람들에게 이런 주장이 지닌 가치를 가늠할 수 있다. 이런 주장은 그 사람들이 대안적 주장들을 진지하게 받아들이지 못하게 막았다. 그러면서 다른 사람들을 악의적이라고 비난하지 않으면서도 그들이 틀린 이유를 설명해주었다. 이런 주장은 영국 개신교의 우월성을 내세우고 영국 제국주의를 정당화했다. 영국인들은, 뒤처졌다고 생각되는 인종들을 '향상'시켜 진정한 종교를 받아들일 수 있도록 준비시킬 터였다.

대안적 주장들의 도전으로부터 자기 신념을 유지할 또다른 방법은 자신과 의견이 다른 사람들이 어떤 사악한 힘에 마음을 빼앗겼다고 가정하는 것이다. 그래서 냉전 시기 미국의 근본주의자들은 자유주의 기독교도들이 소련 공산주의로부터 돈을 받거나 그들의 영향하에 있다고 넘겨짚었다. 이런 전략은 반대자들이 이질적인 존재, 자기와는 다른 부류일 때 가장 잘 통한다. 사회의 내적 분열에서 기인한 문화적 다양성이 외부로부터 오는 다양성보다 더 위협적인 것도 그래서다. 다름 아닌 자기 사람들 — 이웃, 친구, 친지 — 이 자기에게 동의하지 않을 때에는 그들을 하잘것없는 존재로 치부해버리기가 상대적으로 어렵다. 그런 상황에서, 우리는 우리가 가진 시각의 위상을 낮추고 그 시각이 적용되는 범위를 축소할 가능성이 높다. 지금도 교조주의가 흔한 것은 사실이지만, 특히 대중매체 등의 공적 토론장에서 표현될 때는 대안적 이념과 생각들이 사실상 상대주의적인 방식으로 다루어지는 경우가 많다. 누구나 네게 통하는 것이 내게는 통하지 않을지 모른다고, 그 역도 마찬가지라고 가정함으로써 합의의 실패를 관리한다. 진실이 개인화되는 것이다.

상대주의에 관해서는 제5장에서 더 이야기하겠다. 여기서는 평등주의적 개인주의의 부상이 사회 조직(본질적으로, 사적 영역에서의 자유의 증대와 공적 영역에서의 제약의 증대), 나아가 우리가 이념과 가치관에 부여하는 위상에 두루 영향을 끼친다는 말로 정리하겠다.

아노미와 사회 질서

약간은 부자연스러운 연결이지만 사회 질서의 본질과 범죄의 원인으로 돌아가보자. 그러면 평등주의라는 화제가 두드러지게 된다. 인도를 생각해보자. 인도는 아직 빈부격차가 심한 나라이지만 미국에 비해 범죄율이 낮고 흔히 도시 사회의 문제와 연관되는 악덕, 예컨대 알코올 중독, 마약 중독, 자살의 비율도 낮다. 이를 설명하는 중요한 이론 중 하나는 1950년대에 로버트 머튼이 내놓은 간단한 이론이다. 머튼은 개인의 안정성과 사회 질서의 관계에 대한 뒤르켐의 주장을 가져오되 근본적으로 비틀었다. 사회적 삶의 주요한 긴장은 종종 개인과 사회 사이에 존재한다고 가정된다. 사회적으로 불편한 상황은 구성원들에게 사회의 가치를 충분히 강제하지 못해서 일어나고 반사회적 행동은 사회화의 부족에서 나온다는 것이다. 이에 대해 머튼은 범죄와 일탈을 일삼는 성향이 사실상 현대 사회의 고질병이라는 상당히 다른 시각을 취한다.

머튼의 주장을 단순화해서 설명하자면, 사회에는 상대적으로 자율적인 두 영역, 즉 문화와 사회 구조가 있다. 문화는 우리에게 두 가지, 즉 무엇을 욕망해야 하는지와 어떻게 행동해야 하는지를 지시한다. 구조는 권력, 부, 지위를 배분한다. 전통 사회는 구조가 위계적이었다. 부유하고 권력을 가진 쪽은 소수였고 대부분은 무력하고 가난했으며, 문화는 그런 격차를 정당화했다. 서로 다른 계급의 사람들은 삶에서 아주 다른 것들을 기대하고 각자의 분수에 맞는 방식으로 행동하라는 가르침을 받았다. 그러므로 사람들이 기대하는 것과 얻는 것이 균형을 이루었다. 가난한 사람들은 가난하게 살 것으로 예상했기 때문에 자신들의 가난을 받아들였다. 중세 유럽과 힌두교 인도에서는 이처럼 근본적으로 차별적인 체제가 이생에서의 보상의 부족을 겸허하게 받아들인 사람들에게 다음 생에서의 보상을 약속하는, 광범위하게 공유되는 종교로 정당화되었다. 온유한 기독교인은 이생에서 땅을 훔치려 들지만 않는다면 다음 생에서 그 땅을 물려받게 될 것이며, 가난하지만 경건한 힌두교도는 더 나은 환생으로 보상을 받으리라는 것이었다.

현대 사회 체제의 핵심에 갈등이 뿌리내리게 되는 건 문화와 사회 구조가 더이상 조화를 이루지 못하기 때문이다. 문화는 민주적이다. 물질적 성공이라는 목표는 모두에게 평등하게 주어진다. 아메리칸 드림은 누구든 미합중국의 대통령이 될 수 있다고, 최소한 대기업의 총수는 될 수 있다고 약속한다. 머튼은 기업가 앤드루 카네기의 말을 인용한다. "꿈속에서 왕이 되라. 당신 자신에게, '내 자리는 꼭대기에 있어'라고 말하라." 그는 더 나아가 미국이 야망을 애국적인 것으로 만든다고 본다(그 정도에 있어서 미국은 유럽 사회들과 다르다).

하지만 열망의 평등은 기회의 평등과 어우러지지 않는다. 실력주의라는 수사는 모두에게 같은 것을 원하도록 장려하지만, 계급 구조의 현실은 많은 사람들이 적법하게 목표를 이룰 수 없음을 의미한다. 사회 구조로 인해 사회적으로 승인된 목표와 수단에 평등하게 계속 전념할 수 없는 만큼, 사람들은 가치 체계의 두 부분 중 하나(혹은 둘 다)를 포기해야 한다. 논리적으로, 사람들이 이런 긴장에 적응하는 방식에는 다섯 가지가 있다.

사회가 안정적일 때는 순응이 가장 흔하고 널리 받아들여지는 입장이 될 것이다. 대부분의 사람들은 목표와 그 목표를 달성하는 방법을 정하는 규칙들에 헌신한다. 즉, 그들은 명성과 재산이라는 목표를 계속해서 이루고 싶어하지만, 오직 사회적으로 수용 가능한 수단을 통해서만 그런 목표를 달성하고 싶어한다.

대조적으로, 머튼의 둘째 유형(예컨대 혁신가들)은 최종 결과를 얻기 위해 전념하지만 절차 관련 규정은 거부한다. 성공은 무차별적으로 강조하면서 그 성공을 이룩하기 위한 적법한 수단이 평등하게 제공되지 않으면, 수많은 사람들이 성공을 거두기 위해 새로운(동시에 불법적인) 방법들을 찾는 걸 정당하다고 느낄 가능성이 생긴다. 적법하게 부자가 될 수 있다는 일체의 현실적 희망을 부정당하면, 야망을 품은 가난한 사람은 범죄를 통해 명성과 재산을 얻고자 할 수 있다.

셋째 유형인 적응주의는 수가 많지는 않으나 흥미롭기는 마찬가지다. 영국의 사회사 분야에는 거의 강박적일 정도로 존경을 추구하는 중하층 계급 사람들에 대한 연구가 많이 있다. 조지 오웰의 초기 소설에서도 잘 탐구되고 있는 유형이다. 이 유형에 속하는 사람들은 성공을 거둘 거라는 진지한 전망을 품을 수는 없지만, 경멸하도록 학습된 노동 계급으로 오인되거나 그보다 나쁘게는 실제로 그 계급으로 추락할까봐 겁에 질려 있다. 옷차림과 태도, 언어 코드는 하나같이 존경받을 만한 사람들과 거친 사람들 사이에 선명한 선을 긋는 중요한 장치가 된다. 의식주의는 상위 계급과의 얄팍한 유사성과 하위 계급에 대한 깊은 경멸에서 자존감을 얻는 열정적인 적응주의적 관료들이 취하는 관점이다.

회피주의는 가장 드문 반응이다. 이 범주에는 "정신병자, 자폐증 환자, 따돌림 당하는 사람, 추방자, 부랑자, 만성적 주취자, 마약 중독자 등"의 적응적 행동 일부가 들어간다. 목표든 수단이든, 사실상 생물학적인 것 이상의 삶 대부분을 포기한 사람들이다.

목표와 수단 사이의 긴장에 대한 머튼의 이같은 네 가지 반응은 두 가지 원칙에 대한 '긍정' 혹은 '부정'을 논리적으로 조합한 것이다. 즉, +/+, +/-, -/+, -/-이다. 하지만 이 원칙들을 부분적으로 취하는(즉, + 일부와 - 일부를) 것도 분명 가능하다. 그러므로 머튼은 저항이라는 다섯째 유형을 추가한다. 실력과 노력, 보상이 조정되어 있는 새롭고도 개선된 세상을 추구하는 사람들이 목표와 수단을 신중하게 선택하려는 태도가

이 유형이다.

수많은 사회학 고전들이 그렇듯 머튼의 아노미 이론도 온갖 연구에 영감을 불어넣었는데, 이런 연구들은 머튼 이론의 몇 가지 요소는 수긍하고 다른 요소들에는 의구심을 표했다. 학자들은 특히 막다른길에 이른 노동자 계급이 혁신을 일으킬 가능성이 가장 높다는 머튼의 시각에 비판적이었다. 계급 사회의 불공평에 대한 환멸이 불이익을 당하는 사람들로 하여금 강도, 빈집털이, 절도 등을 통해 부를 추구할 방법을 찾게 만든다는 주장은 개연성이 있어 보인다. 하지만 정직한 방법으로도 성과를 거둘 기회가 충분한 사람들 중 일부가 부정직한 방법을 동원하면서까지 더 잘 살기를 바라는 까닭은 무엇일까? 부유한 금융업자가 고객에게 사기를 치는 이유가 뭘까? 왜 부유한 사업가들이 납세와 관련된 부정행위를 저지르는 걸까? 이미 번창하고 있는 제약회사가 가격은 동일하게 유지하면서 주사제 용량을 줄여 불법적으로 사취하는 이유는 무엇일까? 머튼도 화이트칼라 범죄에 대해 논의하긴 하지만, 1950년대에 제시된 그의 시각은 지금 같아선 좀 순진해 보인다. 언론사 기자들이 부자나 권력자에게 덜 공손한 태도를 취하면서부터 우리는 파워 엘리트들의 행위에 대해 엄청나게 많은 것들을 알게 되었고, 이제는 범죄적 '혁신'이 가난한 사람들의 전유물이라는 머튼의 확신을 공유하기가 어려워졌다.

그러나 머튼이 현대 사회의 주요 특징을 포착한 건 사실이다. 안정적인 사회들은 대부분의 일이 **마땅히 되어야** 하는 방식대로 돌아간다는 합의를 깔고 있다. 사회적 절차를 하나하나 세세하게 정당화하는 단일한 지배적 이데올로기를 보편적이고 열정적으로 수용하라고 요구하지는 않지만, 사람들이 응분의 보상을 정당하게 받는다는 전반적인 느낌은 어느 정도 공유될 수 있어야 한다. 카르마라는 힌두교 개념이 이런 목표를 완벽하게 달성한다. 카르마는 반복적인 환생이라는 원칙을 전제하고 있다. 그렇기에 지금 당장은 사태가 아무리 불공평해 보이더라도 잘사는 나쁜 사람들은 전생에서 더 나은 사람이었을 것이며, 다음 생에는 이생에서의 행위에 대한 벌로서 더 나쁘게 환생하는 고통을 겪으리라고 가정할 수 있다. 기독교는 착한 사람들에게 나쁜 일이 일어나는 이유를 설명하는 솜씨가 좀 떨어지지만 천국과 지옥이라는 개념으로 회복의 방법을 제시한다. 하지만 현대 사회들은 대체로 세속적이며 사회 정의에 대한 우리의 욕망은 눈앞의 물질적 세계에서 만족되어야 한다.

앞서 주장했듯, 현대 세계의 중심적 특징인 평등주의적 충동은 눈에 띄는 삶의 불평등에 문제를 제기한다. 실력주의가 현실이라기보다 소망으로만 남아 있는 한, 어떤 행위에 동참하라고 독려받았으되 받아야 할 몫을 받지 못했다고 느끼는 사람들은 별다른 양심의 가책을 느끼지 않고 응당 자기 것이라고 여겨지는 것을 취하게 된다. 미국의 저널리스트 스터즈 터클(Studs Terkel)은 시카고야말로 탐욕을 솔직하게 드러내는 '내 건 어디 있어?'라는 말을 모토로 삼아야 한다고 말한 적이 있다. 매스컴이 수요를 광범위하게 자극하는 데에 한몫한다. TV는 고성능 자동차를 광고하지만 '그건 그렇고, 당신들 대부분은 절대 이 차를 살 여유가 생기지 않을 테니 탐내지 말아야 한다'는 식의 유해 경고는 덧붙이지 않는다.

인간 욕망의 무한성에 대한 뒤르켐의 주장을 다시 떠올려 보면, 머튼의 이론으로도 사회 상층에 있으면서도 법을 위반하는(이런 식으로 다시 쓰면 의미가 훨씬 희석되지만) 사람들의 문제를 설명할 수 있을지 모른다. 모든 것을 가진 사람도 여전히 좀더 많은 것을 원할 수 있다. 세속적인 성공을 강조하는 동시에 개인의 권리를 공동체의 이득보다 우선시하는 문화는 모든 사람에게 자신의 객관적 지위와는 별개로 박탈감을 느끼게 만든다.

포스트모더니티?

학자들은 이렇게 설명되는 현대화의 갖가지 원인에 저마다 다른 비중을 두지만, 산업사회가 이전의 농업사회와 근본적으로 다르다는 점에는 폭넓은 합의가 이루어져 있다. 현대성의 특징 중 어느 것이 흔히 말하는 산업화 자체의 결과이고 어느 것이 자본주의 경제라는 산업화의 특정 형태에서 기인한 것인지에 관해 20세기 내내 논쟁이 벌어졌다. 민주-자본주의 사회의 계급 구조, 젠더 관계, 종교 관행의 패턴, 범죄율 등이 공산주의 연합에 속한 동유럽 국가들의 그것과 비교되었다. 1980년에는 공산주의가 와해되면서 이런 토론에 마침표를 찍었다. 과거의 어느 측면이 불가피한 것이고 어느 측면이 우연한 것이었는지를 알아보려는 노력은 이제 서구(제1세계)의 과거와 남반구(제3세계) 국가들의 현재를 비교하려는 시도로 옮겨갔다. 예컨대, 현재는 싱가포르, 일본, 남북한, 중국이라는 아주 다른 맥락에서 민족국가나 대의제 정치, 산업화의 발전이 어떻게 진행되는지를 살펴봄으로써 우리 자신의 역사를 더 잘 이해할 수 있다. 이런 비교 대상이 존재하기에 서구의 역사를 현대화의 보편적 양식으로 보았던 1950년대 사회학의 확신이 조금이나마 무너질 수 있었다.

서구의 역사가 단순하게 반복될 수 없는 이유 중 한 가지는 그 지역이 현대화될 때에는 그 여정을 이끌 알려진 목적지나 지도가 없는 채로 혁신이 일어났다는 점이다. 서구에는 기존의 모형이랄 게 없었다. 지금은 현대성이 존재한다. 몇몇 사회들(예컨대 케말 아타튀르크가 이끌던 1920~30년대의 터키)에는 그 현대성이야말로 본받아야 할 모범이고 다른 사회들(예컨 대 지금의 이슬람 근본주의자들 사회)에는 거부하고 공격해야 할 '거대한 악'이다. 서구 열강은 세계 대부분의 지역에 군사적으 로 개입하거나 그러지 않을 때에도 국제적으로 상품과 서비 스를 거래한다. 매스컴 때문에, 북한처럼 압제를 펴지 않고는 서구의 문화를 비롯한 여러 가지를 무시할 수 없기도 하다.

학자들이(흥미롭게도 사회학자보다는 철학자나 사회이론가들 인 경우가 많았는데) 주장했듯, 1990년대 이후로는 서구에 대 한 묘사가 많이 바뀌어서, 현대화에 대한 이 장의 설명이 19세 기와 20세기에 대해서는 상당히 정확할지라도 지금은 시대 가 달라졌다고 할 수 있다. 지금의 세계는 **포스트모던**의 세계라 고들 한다. 포스트모더니즘에는 여러 갈래가 있지만(포스트모 더니즘은 사회이론이기 전에 예술 양식이었다), 그 기본은 개인적 자유가 지리적 이동성 및 통신수단의 개선과 결합하여 '소비 자'들이 전 세계적인 셀프서비스 식당에서 문화 요소를 선택 하는 세계가 만들어졌다는 것이다. 물품의 생산과 유통에 토 대를 두었던 경제는 발상과 이미지의 생산 및 보급에 기초하 는 경제로 대체되었다. 특이한 기호, 취향, 선택이 크게 확장 되면서 사회 계급 등의 사회적 구성이 객관적이거나 상호주 관적인 현실을 제약한다는 말은 대체로 의미가 없어졌다.

억양이 대표적인 사례다. 1970년대 이전에는 언어의 스타

일과 사회적 위신 사이에 분명한 상관관계가 있었다. 영국의 뉴스 아나운서들은 엘리자베스 여왕처럼 말했다. 사람들은 정치인의 억양으로 그가 속한 정당을 추측할 수 있었다. 보수당 정치인들은 신사 계급처럼 말했다. 노동당 정치인들은 노동자 계급의 지역 말투를 썼다. 현재는 그런 식으로 유형화하기가 훨씬 더 어렵다. 교육을 잘 받은 중산층의 아이들이 '거리'에서 어휘를 빌려오고, 엘리자베스 여왕은 평생에 걸쳐 억양이 한 계급 아래로 이동했다.

노골적인 사치품 브랜드가 있기는 하지만, 소비재가 확산되고 상대적 가격이 떨어지면서 계급 구분은 외견상 완화될 수 있었다. 서구에서는 거의 모든 사람이 핸드폰을 가지고 있고 옷차림도 비슷하다. 자동차는 어디에나 있고, 비행기 이용이나 외국에서의 휴가는 이제 흔한 일이 되었다.

정치 분야에서도 계급 구조에서 차지하는 지위를 통해 그 사람의 정치적 성향을 추측하기가 더는 쉽지 않다. 전에도 있었던 일탈(보수당에 투표하는 공손한 육체노동자 등)이 흔해져서 기존 질서가 역전된 것이 아니다. 물론 그런 일이 실제로 일어나기도 했다. 예컨대, 현재 영국 노동당의 전형적인 당원은 노동조합에 소속된 육체노동자가 아니라 중간 계급의 전문직 종사자이고, 미국 노동자 계급과 빈자들 중 다수는 공화당에 표를 던진다. 하지만 포스트모더니티는 새로운 것으로 보이는 두 가지 발전상을 가정한다. 즉, 경제적 이해관계의 중요성 하락과 개인적 선호 및 정체성의 중요성 증가다.

그러한 발전상은 먼저 급진적 학생운동, 환경운동, 동물권 캠페인, 동성애자 권리 단체, 여성 단체 등 의식적으로 만들어진 다양한 이해집단에서 보인다. 둘째는 (최소한 몇몇 계급 분파에서) 사회적 정체성을 개인의 선택 문제로 여기는 듯한 21세기에 보인다. 현대 사회의 대도시권에서는 자신을 흑인, 아메리카 인디언, 남성이나 여성으로 '정체화'하고 있다고 주장하는 사람들이 점점 흔해지고 있다. 이런 주장은 객관적 현실과도, 어떤 집단에 속하는 사람이 누구인지를 판단할 때에 그 집단이 전통적으로 수행해온 역할과도 별개로 이루어질 수 있다. 그래서 생물학적으로 남성으로 태어난 사람 일부가 여성을 자처하는 것이 가능해진다. 이는 여성으로 태어난 여성들이 그런 주장에 대해 타당하다고 판단할 권리와 무관하게 이루어지는 일이다. 일부 사람들에게 개인적 선호는 객관적이고 상호주관적인 현실을 능가하는 카드로 여겨진다.

포스트모더니즘은 민족국가가 무력해졌다고도 가정한다. 무역과 금융이 세계화되면서, 경제를 통제하고 세금을 부과하는 국가의 능력은 감소된다. 디지털 의사소통 기술은 자국민들이 접근할 수 있는 정보에 대한 국가의 통제력을 약화시킨다. 유럽 연합과 같은 초국가적 기구들이 민족국가를 서서

히 쇠퇴시킨다.

성전환의 예가 보여주듯, 탄생이나 성별, 죽음이라는 확실
성조차도 과학과 의학 분야의 혁신으로 날아가버렸다. 풀을
뜯는 양을 복제하기도 했다. 얼마 안 가서 인간을 복제하게 될
것이다. 포스트모더니즘의 세상에서는 고착되고 확실한 것이
아무것도 없다. 모든 것이 유동적이다.

중요한 점이 있기는 하지만 이런 설명은 심각하게 과장되
었다. 런던, 파리, 뉴욕의 지식인들에게는 지방에서의 삶이 거
의 변하지 않고 계속되고 있음을 상기시켜주는 게 언제나 유
익하다. 위성과 인터넷 덕분에 새로운 방식의 의사소통이 가
능해진 건 사실이지만, 우리가 보는 드라마는 디킨스의 소설
과 그리 다르지 않다. 사실 빅토리아 시대의 소설이 우리 시대
의 디지털 콘텐츠를 상당 부분 제공한다. 저비용의 국제 여행
이 가능해진 것은 사실이지만, 런던을 가로지르는 데에는 셜
록 홈즈가 런던에서 범죄를 해결하던 빅토리아 시대 당시와
비슷한 정도의 시간이 걸린다. 독일 루르 지방과 스코틀랜드
클라이드강 일대의 중공업은 사라졌지만, 수많은 노동자들은
지금도 노동조합으로 조직되어 있고 직업적 계급은 사람들의
태도, 신념, 정치적 행동에 여전히 영향을 준다. 민족국가는
쇠락하기는커녕 여전히 건재하고, 선진사회 인구의 많은 부
분은 우익 종교-민족 운동에 표를 던지면서 세계화의 지역적

증거를 거부하려 든다. 국가가 무너지는 경우, 그건 대체로 국가적 정체성이 약화되었기 때문이 아니다. 종교-민족적 소수자들이 그들만의 국가를 원하기 때문이다.

포스트모더니즘에서 그리는, 소비자로서의 선호를 통해 자신의 정체성을 표현하는 자율적 행위자들의 이미지에서 더 중요한 점은 무엇보다 인간의 삶에서 가장 완고한 요소 두 가지―건강과 수명―가 여전히 계급에 크게 좌우된다는 것이다. 20세기 초반, 런던과 글래스고의 노동자 계급 소년들은 중간 계급의 소년들에 비해 키가 평균적으로 2.5인치 작았다. 20세기 말에는 다른 모든 사람의 키가 커졌는데도 그 차이가 유지되었다. 19세기에는 가난한 사람들이 말랐고 부유한 사람들은 뚱뚱했다. 현재는 부유한 사람들이 꼬챙이처럼 마른 몸으로 운동을 하는 반면, 가난한 사람들은 비만이고 앉아만 있다. 부와 체질량의 관계는 역전되었으나 치명적이고 심신을 쇠약하게 만드는 차이는 여전히 존재한다. 2017년에는 한때 산업화되었던 도시이자 영국에서 가장 가난한 사람들의 고향인 글래스고의 사망률이 런던 켄싱턴과 첼시 자치구의 사망률의 두 배였다. 잉글랜드 블랙풀의 수명은 겨우 74.3세였는데, 이는 국가 평균보다 5년이 적은 수치다. 이를 가장 쉽게 설명할 수 있는 방법은 블랙풀이 알코올 중독, 간 관련 질환, 흡연에서 1위나 2위를 기록하기도 했다는 사실을 참조하는 것이다. 심층적 배경은 가난을 통해 설명된다.

감정적 삶의 사회 구조는 실제로 더 복잡해졌다. 동성애는 이제 널리 받아들여진다. 동성 간의 결혼, 이혼, 성인과 아동의 결혼, 3세대 가구를 좀더 흔하게 만드는 수명의 증가는 하나같이 가족을 19세기에 비해 복잡한 제도로 만들었다. 그러나 가족은 여전히 재생산과 사회화의 가장 중요한 단위이며, 우리들 대부분에게는 엄청난 만족감과 신체적 안정의 훌륭한 원천으로 남아 있다. 고속 여행의 비용이 줄어들면서 서로 멀리 떨어져 지내는 경우도 많아졌지만, 동시에 자주 만날 수 있게 되기도 했다.

사회학이라는 학문을 선점하고 첫 100년 동안 사회학을 하나의 학문 분야로 형성시킨 현대 사회는 제조업에 그 성격을 의존하고 있었다. 그런 만큼 기술적 전문성과 교환에 토대를 둔 경제로의 전환은 사회문화 전반에 걸쳐 폭넓은 변화를 일으킬 것이고, 21세기 중반에는 새로운 시대가 도래했다고 무리 없이 주장할 수 있게 될 것이다. 하지만 아직까지는 그런 식의 설명이 시기상조로 보인다.

역설적 결과와 사회 정책

나는 중언부언하지 않으려고 사회적 행위의 역설적 속성이 일으키는 한 가지 결과를 여태껏 설명하지 않았다. 우리 세계의 많은 일이 우발적·비의도적인 것이라는 사회학의 핵심 주장은 중요하다. 각종 사태가 계획대로 굴러가지 않는 이유를 이해하기 위해서만이 아니라, 지금 우리의 상황이 왜 이런지를 이해하는 데에도 중요하다. 이런 관점은 정책에 대한 중요한 함의를 지닌다. 우리가 우려하는 현상의 원인을 오해하면, 그 현상을 변화시키려는 노력을 잘못된 방향으로 쏟게 되기 때문이다.

오늘날의 성적 자유에 대한 보수주의자들의 비판을 생각해보면 이 주장을 잘 이해할 수 있다. 전통적 가족의 쇠퇴를 애석하게 여기는 사람들은 어린이집에 맡겨지는 아동의 비율, 청소년 임신율, 이혼율, 나아가 도시 범죄율과 청소년 비행률이 높아지는 까닭을 피임, 성 해방, 쉬워진 이혼, 평생 이어지는 일부일처제 이성애 핵가족에 대한 대안들을 공개적으로 옹호한 개인들이나 사회운동 조직의 탓으로 돌렸다. 이들은 1960년대의 '용인 사회'(Permissive Society)에 속한 자유주의 작가들이나 2000년대 이후의 동성혼 지지자들을 들먹이면서 그들의 의견이 효과를 발휘했다고 보았다. 즉, 이런 나쁜 사람들이 문제의 원인이라는 것이다. 그러므로 해결책은 자유주의자들을 제한하고 보수주의자들을 독려하는 것이 된다.

그러나 이혼율 상승에 대해 사회학적으로 접근해보면, 이런 현상은 의식적으로 어떤 목표를 추구하면서 빚어진 고의적 결과라기보다 새로운 사태들이 상호작용하면서 나타난 비의도적 결과다. 특히 이런 상호작용의 상당수는 그 결과를 애석해하는 보수주의자들이 지지하고 즐긴 것이었다. 과거의 결혼 안정성은 대개 재산을 분배하고 상속을 결정할 때 결혼이 수행하는 역할에서 기인했다. 자원이 대체로 상속 가능한 자본이었을 때에는 누가 적법한 후계자인지 결정하는 것이 매우 중요한 문제였다. 하지만 산업화가 이루어지면서 가구는 생산 단위로서의 중요성을 잃었고, 적자(嫡子)와 혼외자의 차이는 덜 중요해졌다. 이런 변화가 성적 만족과 재생산 간의 고리를 끊어주는 안전하고 효과적인 피임 가능성과 결합했다. 산업화와 경제적 발전으로 인해 대가족의 가치는 줄어들었다. 자녀의 수가 적어졌다는 사실은(수가 적어지긴 했어도 그들에 대한 돌봄의 질은 높아졌다) 여성들이 가정 외에서의 일을 통해 자아를 실현하고 재정적으로 독립할 기회가 늘어났다는 뜻이었다. 역할이 젠더에 따라 선명하게 구분되던 시절에는 여성들이 자아실현을 가족이라는 단위의 안정성에 부수되는 것으로 여기는 것 말고는 별다른 선택지가 없었다. 개인적 부가 증대됨으로써(또한 개인적 번영을 이루지 못한 사람들에게는 복지국가가 등장함으로써) 사람들은 친족들에게 덜 의존하게 되었고, 따라서 불행한 결혼생활을 해체하기도 더욱 쉬워졌다.

가족이 경제적·정치적 기능을 잃으면서 가족 제도에 대한 새로운 정당화가 가능해졌다. 가정은 감정적 만족의 생산자로 간주된다. 1950년대에 탤컷 파슨스(Talcott Parsons)를 위시한 미국의 사회학자들은 현대 가족의 의미가 심적 위안과 유대감을 제공하는 것이라고 주장했다. 가정은 감정적 배터리를 재충전하고, 공적 영역에서 점점 더 불법화되어가는 표출적이고 차별적인 행동들을 제멋대로 할 수 있는 공간이었다. 직장에서 사람들은 합리적이고 올바른 태도를 취하며 자기역할 안에 머물러야 했고, 다른 사람들을 보편적 기준을 토대로 대우해야 했다. 하지만 집에서라면 긴장을 풀고 자기 자신이 될 수 있었다. 솔직해질 수 있었다. 오히려 솔직하고 개방적인 태도를 취할 것이라 기대되었다. 이로써 우리의 조상들이 평생 동안 가정에 충실을 기할 것을 맹세하고도 혼외정사를 일삼은 위선에 의문을 제기하게 되었다. 현재는 감정적 충족에 대한 기대가 엄청난 이점을 가지기도 하지만, 가정이라는 사회 단위에 어마어마한 부담을 안기기도 한다는 것을 알수 있다.

부담이 늘어나는 이유는 젠더 평등의 증대에 있다. 여성들은 소득이 남편의 소득에 근접하면서부터 가정 내의 의사결정에서 더 큰 발언권을 행사할 수 있으리라고 기대하게 되었다. 결혼생활에서는 협상이 그 어느 때보다도 중요해졌다. 고프먼의 연극 은유로 돌아가보자면, 과거에는 배우자들이 정해진 대본을 충실히 따랐지만 이제는 즉흥성을 발휘해야 한다. 그리고 우리 중 다수는 그런 일에 별로 능숙하지 않다.

이혼이 증가하는 또다른 원인은 기대 수명의 증가에서 찾을 수 있다. 1900년에는 영국 인구의 8퍼센트만이 60세 이상이었다. 2000년에는 20퍼센트 이상이 그 나이였다. 이렇게까지 무디게 표현하면 너무 냉정하게 들릴지도 모르겠지만, 더이상 때 이른 죽음으로 불행한 관계를 편하게 끝낼 수 없게 된 상황에서는 대안이 필요해진다.

구체적 인과관계는 복잡하지만, 실상을 들여다보면 전통적 핵가족의 쇠퇴에서 가족 제도의 적들이 쓴 글 때문에 일어났다고 볼 만한 부분은 극도로 적다는 게 거의 확실하다. 평생 지속되는 일부일처제 결혼 제도에 대한 그들의 비판은 이미 진행중이던 복잡한 변화를 촉발했다기보다는 축하하고 기념했던 것이다. 가족의 속성으로 인한 변화는 수많은 다른 변화들과 구분될 수 없는데, 그런 변화들 중에서 사회-도덕적 보수주의자들이 되돌리고 싶어하는 건 별로 없다.

정책상의 함의는 이것이다. 일반인들은 어떤 변화를 설명할 때 그 변화를 일으켰다고 생각되는 사람들의 의도를 들먹인다. 사태가 이러저러하게 돌아가는 것은 그렇게 되기를 바란 사람이 있고 나아가 그들에게는 자신의 바람을 현실로 바꿔놓을 능력이 있었기 때문이라는 것이다. 그러나 사회학은 행위 이면의 사회적 구성이 띠고 있는 극도의 복잡성, 즉각적으로 인식할 수 있는 것 이면의 사회적 힘들이 가지는 중요성, 그리고 비의도적 결과의 중요성을 상기시킨다.

제 5 장

사회학이
아닌 것

앞에서는 사회학이 연구대상을 어떻게 보는지, 또 세계에 대한 사회학적 시각의 독특한 취향은 무엇인지를 전달하고자 했다. 이 장에서는 표면적으로 사회학과 관련되어 있는 유사 영역과 사회학은 서로 어떻게 구분되어야 하는지 생각해봄으로써 그 시각을 더욱 분명히 밝히도록 하겠다.

개선하려는 사람들과 몽상가들

사회학이 사람들을 도와주고 있다(혹은 도와야 한다)는 생각은 사회학을 비판하는 사람들 사이에 널리 퍼져 있으며, 사회학 분야에 속한 사람들도 이를 모르지는 않는다. 이해할 만하지만 그래도 잘못된 생각이다. 이해할 만하다고 말한 것은 사회학의 발전에 기여한 초기 학자들 중 다수가 사회적 세계를 변화시키고 싶다는 마음에서 사회학을 공부했기 때문이다. 카를 마르크스는 불의하고 억압적인 자본주의가 좀더 인간적인 정치경제 구조로 대체되는 것을 보고 싶어했던 혁명가였다. 영국식의 경험적 사회조사 전통을 세운 시봄 라운트리(Seebohm Rowntree)와 찰스 부스(Charles Booth) 같은 학자들이 빈곤을 상세히 기록한 까닭은 정부 당국에 충격을 주어 조치를 취하게 만들고 싶어서였다. 영국의 사회학은 경제학에서의 런던학파나, (페이비언 협회의 창립자들이자 초기 노동당의 영향력 있는 인사들인) 시드니 웹(Sidney Webb) 및 베아트리스 웹(Beatrice Webb)과의 가까운 관계에서 많은 영향을 받았다. 후자는 런던학파의 연구에 개혁주의적 성향을 눈에 띄게 실어주었다. 시카고대 사회학부를 창설한 교수진 중 일부는 개신교 성직자 가정에서 자랐으며, 마르크스주의자와는 거리가 멀었지만 세상을 연구하는 이유는 그것을 바꾸기 위해서라는 점에서는 마르크스에게 진심으로 동의했을 것이다.

그런데 사회학이 개혁가들에게 큰 영향을 받았고 수많은 사회학자들이 연구에 대한 흥미를 세상과의 도덕적·정치적 연관에서 끌어오는 것은 사실이라 해도 사회학과 사회개혁은 구별되어야 한다. 학문은 다른 무엇이 아닌 오직 그 자체의 관심사에 따라서 움직여야 한다. 협력을 통해 지식을 축적하려면, 사회학자들은 공통의 언어를 써야 한다. 예컨대 제4장에서 언급했던 계급 비교 분석이 가능했던 것은 다양한 나라의 학자들이 동일한 모형을 사용한 덕분이었다. 토론(예컨대, 계급을 둘러싼 마르크스주의와 베버주의적 시각의 상대적 이점에 대한)은 양측이 같은 카드를 쓰고 같은 규칙에 따라 게임을 하겠다고 동의할 때에만 합리적으로 진전된다. 따라서 연구를 진행할 때에는 당면 과제에 필수적인 개념들만을 안내자로 삼아야 한다.

말하기는 쉬워도 실천하기는 어렵다. 유전자와 소련의 공산주의 철학은 아주 달라서 리센코의 막장 연구가 이 둘을 뒤섞은 것을 쉽게 알 수 있다. 하지만 사회적 삶에 대한 연구와 사회개혁은 개념, 수단, 이론을 공유하기에 오염을 피하기가 유독 어렵다. 하지만 일단은 그런 오염을 피하는 걸 목표로 삼아야 한다. 사회학자들은 사회학에 필수적인 가치(정직성, 명확성, 성실성 등)와 제쳐두어야 하는 학문 외적 관심사를 구별하기 위해 최선을 다할 때에만 생산적인 대화를 제대로 할 수 있다. 사회학 강의를 하다보면 학생들이 사회적 문제와 사회학적 문제를 구별하기 어려워하는 모습이 흔히 보인다. 연구 프로젝트의 주제를 선택하라고 하면, 학생들은 거의 틀림없이 세계의 어떤 나쁜 측면에 초점을 맞춘다. 그들은 노숙자나 알코올 중독이나 가정폭력에 대해 '뭔가 하고' 싶어한다. '한다'는 탄력 없는 동사야말로 설명과 개선을 혼동하는 뚜렷한 증상이다.

그 차이를 명확히 하는 한 가지 방법은, 많은 사람들이 용인할 수 없다고 보는 사회적 세계의 어떤 측면들에 대한 사회학적 연구를 살펴보는 것이다. 데이비드 서드노(David Sudnow)는 1970년대 초 캘리포니아 법정에서 일어난 '양형 거래'를 자세히 살펴보았다. 피고 쪽에서 유죄를 인정하기로 했기에 약 80퍼센트에 이르는 사건들은 재판까지 가지도 않았고 덕분에 법원은 많은 비용을 절감할 수 있었다. "가벼운 죄를 인정"하도록 피고를 독려하고자 형량 축소가 빈번히 제안되었다. 피고 쪽에는 기소에 이의를 제기하고 상당한 정도의 처벌 위험을 감수하거나 비교적 낮은 수준의 처벌을 확실히 받아들이는 선택지가 주어졌다.

캘리포니아의 법률은 LIO(Lesser Included Offense)라는 개념을 인정하고 있다(중범죄의 요소와 우연히 일치하는 범죄의 요소로서, 검사는 이 요소에 대해 형사 피의자를 중복해서 기소할 수 없다―옮긴이). A범죄를 저지를 때 반드시 B범죄도 저질러야 하고 B범죄에는 비교적 단기간의 금고형을 선고받는다면, B가 LIO다. 예를 들어, 가벼운 절도를 저지르지 않으면 강도질을 할 수도 없다는 의미에서 강도죄에는 반드시 가벼운 절도

죄가 포함된다. 법원 규칙은 한 범죄가 다른 범죄에 반드시 포함되는 경우 그 두 가지 범죄에 대해 중복으로 기소할 수 없다고 규정하고 있다. 예를 들어, 어떤 사람을 '살인'으로 기소하면서, 이 범죄에 반드시 포함되는 LIO인 '살해할 의도'에 대해서도 기소할 수는 없다. 법원 규칙은 판사가 배심원으로 하여금 피고에게 유죄 평결을 내리기 위한 또다른 범죄를 찾기 위해 기소된 범죄에 반드시 포함되지는 않은 위법행위들을 고려하도록 지시해서는 안 된다고도 규정하고 있다.

서드노는 형식적인 규칙과 실상을 대조하고자 LIO를 관장하는 원칙들을 설명한다. 지방검사와 관선변호인은 LIO에 이해관계가 걸려 있다. 이들은 피의자가 죄를 실제로 저질렀는지 여부나 LIO에 관한 절차 규정들보다는 흥정에 더 관심을 보였다. 피의자를 설득해 유죄를 인정하도록 하기 위해, 이들은 괜찮은 거래처럼 보일 정도로 가벼운 선고가 뒤따르지만 검사가 보기에 피고가 '죄를 저지르고도 빠져나갔다'고 느껴지지는 않을 정도의 LIO를 찾아야 했다.

서드노는 피의자의 혐의가 주요 범행에 반드시 포함되는 것도 아니고 실제로도 포함되지 않은 혐의로 축소되는 일이 일상적으로 일어난다는 사실을 알게 되었다. 예컨대, 실제로는 치안이 방해받지 않았더라도 '주취'가 '치안방해'로 축소되는 경우가 많았다. '미성년자 성추행'은 학교 근처에서 일어나지 않은 경우에도 '학교 주변 배회'로 종종 축소되었다. 게다가 이런 축소는 원래 혐의에 대한 법적 정의에 어긋나는 경우가 많았다. 예컨대 빈집털이는 종종 좀도둑질로 축소되었다. 좀도둑질은 강도죄에 반드시 포함되는 것이며 법률에서는 강도죄와 빈집털이를 선명하게 구분하고 있는데도 말이다. 법률을 진지하게 생각하는 사람들에게는 이런 식의 축소가 말도 안 되는 것이지만, 이런 방법은 일상적으로 동원되었다. 검사와 변호인이 이런 식으로 공모하여 법률에 저항한 이유는 뻔하다. 모든 당사자의 이해관계가 법조문 자체보다는 실제 결과에 걸려 있었기 때문이다.

그런데 이 실질적 목표는 어떻게 달성되었을까? 검사들과 변호인들은 오랜 경험을 통해 특정 계급이 위법행위를 저지르는 전형적인 방식, 통상적으로 그런 위법행위를 저지르는 사람들의 사회적 특성, 어떤 사건이 발생하는 배경의 특징, 흔히 연루되는 피해자의 유형 등을 학습했다. 그들은 '정상 범죄'라는 개념을 세웠다. 양측은 양형 거래의 역사를 통해 전형적으로 보이는 범죄의 성공적인 감형을 위한 처방들을 발전시켰다. 전형적인 '치명적 무기를 사용한 폭행'은 단순한 '폭행', '위해', '학교 주변 배회' 등으로 축소되었다. 이런 처방은 개별 피고인에게 적용되었으나 각 사건의 고유성은 위법행위와 범죄자가 전형적인 예상에 들어맞는 한 별다른 관심거리가 아니었다. 문제가 되는 것은 위법행위의 등급과 범죄자의 계급이었으며, 사건조서는 누가 읽어도 정답을 찾아낼 수 있게 작성되었다. 덕분에 과로에 시달리며 대개 한 사건을 검토할 시간을 몇 분밖에 내지 못하는 변호사들은 무엇이 요구되는지, 무엇이 통할지 재빨리 알아차릴 수 있었다. 사건의 구체적인 내용이 변호사와 검사, 혹은 판사에게서 '잠깐만요, 놓친 게 있는데⋯⋯'라는 반응을 끌어내 재판 진행을 늦출 수 있는 경우는 사건에 뚜렷한 비정상적 요소가 있을 때뿐이었다.

우리는 서드노의 연구를 사회문제에 대한 보고서로 읽을 수 있다. 체제가 나서서 형량을 깎아준다니, 시민적 자유에 대한 중대한 침해로 볼 수도 있는 일이다. 그들이 실제로 저지르지도 않았고, 아무도 그들이 저질렀다고 생각하지도 않는 범죄에 대해 사람들은 일상적으로 유죄를 인정했다. 하지만 그런 것들은 서드노의 관심사가 전혀 아니다. 그는 법원이 형량을 일상적으로 조금씩 깎아주는 것이 좋은지 나쁜지 알고 싶었던 것이 아니라, 양형 거래란 무엇이고 어떻게 일어나는지를 알고 싶어했던 것이다. 그는 해결해야 할 문제가 아니라 설명되어야 할 사태를 우선 연구했다. 서드노는 다양한 업무환경에 놓인 사람들이 공식적인 명분을 문제로 삼기보다 우회하면서 '일을 계속해'나갈 수 있도록 자료를 즉석에서 유형화하는 방식을 이해하고 싶어했다.

1970년대 당시 나의 대학원 동기생이 한 연구에도 비슷한 주제가 영향을 끼쳤다. 그녀는 정신병원 간호사들의 실제 조직을 이해하고 싶어했고, 여러 달 동안 관련 병원에서 위장근무를 했다. 그녀는 환자들이 상당히 다른 두 가지 틀 안에서 관리된다는 것을 일찍 알아차렸다. 정신과 자문 의사들은 공식적인 진단표에 따라 환자들을 분류하고 진단상의 범주에 적절한 치료법을 처방했다. 하지만 병동의 일상적 운영을 책임지고 있는 간호사들에게는 그들의 실제적 관심사를 반영하는 훨씬 간단한 체계가 있었다. 그들은 환자들에게 '오줌싸개'와 '떠돌이'라는 이름표를 붙였다.

전자의 주요한 문제는 실금, 후자는 방향감각의 부족이었다. 간호사들은 자신들의 분류 체계가 자문 의사들이나 환자들의 가족과 친구에게 불쾌감을 주리라는 것을 알고 있었기에 자기들끼리의 사적인 대화에서만, 탕비실이나 구내식당 같은 '무대 뒤 공간'에서만 이런 용어를 사용했다. 이와 비슷하게, 북아일랜드의 갈등 관리를 담당하던 경찰도 주제에서 좀 벗어난 일련의 이름표들을 사용했다. 예컨대, 공화당원이 시민이나 영국 귀속파 준(準)군사조직 구성원을 살해하는 것은 '테러'였지만, 공화당 구성원을 살해하는 것은 '집안일'이었다. 이런 조직들이 더욱 사나운 구성원들을 통제할 수 있도록 '집안일'은 어느 정도 용인되리라는, 말로 표현되지는 않았으나 확실한 이해가 깔려 있었다.

회사의 공식적 모델과 비공식적 조직 간의 분리에 대한 댈튼의 연구가 그랬듯, 이런 연구들은 문제를 찾아내는 것처럼 보일 수 있고, 특정한 이해집단이 이런 문제에 대해 불만을 제기하고 싶어하리라는 점에는 의문의 여지가 없다. 하지만 세상을 개선하는 것은 사회학자의 일차적 관심사가 될 수 없다. 사회학자들은 연구주제를 정할 때 사회적으로 문제시되는 일이 아니라 사회학적으로 흥미로운 일을 의식해야 한다. 사회학자들은 어떤 분야에 대해 일단은 기술하고 설명할 수 있게 된 다음에야 분별력 있는 정책 제안을 할 수 있는 지점까지 그 분야에 대한 이해를 높여갈 수 있다.

학문 외적인 의제들은 무익하며 집중력을 떨어뜨린다. 고프먼이 『수용소Asylums』를 쓸 때, 그 책의 참고자료를 상당 부분 제공한 정신병원들을 살펴보면서, 정신과 의사들의 관점 혹은 그들을 비판하는 사람의 관점을 취했다면 사회학의 금싸라기들은 그의 시야에서 벗어났을지 모른다. 고프먼은 전에는 경시되었던 갖가지 사소한 행동들(크레용을 립스틱으로 사용하는 것과 같은)을 인용하면서 이 행동들이 흔하고도 중요한 사회적 기능을 공유한다는 점을 보여준다. 이런 행동은 치료라는 목적에 따라 환자의 자아정체감을 손상시키는 환경 속에서 환자들이 그 정체감을 유지하려고 사용하는 장치들이다. 고프먼이 관찰 대상에서 새로운 의미를 발견한 건 사회학자로서 현장에 접근한 덕분이었다. 기숙학교나 정신병원, 수도원, 군사훈련소를 각각 아무 관련성이 없는 교육적·치료적·종교적·군사적인 장소로 보는 게 아니라, 고프먼은 이들이 '총체적 기관'(total institution)이라는 개념으로 표현되는 공통적인 사회학적 특징들을 가지고 있음을 알아냈다. 그는 사회학적으로 사고했기에, 자료를 해석할 때 여타 의제나 관심사를 지닌 사람들은 의문을 품지 않았을 법한 질문을 던졌다.

당파주의자

사회과학의 여러 분야는 원칙을 벗어나면 특히 쉽게 무너진다. 핵심적 원칙을 오해하면 틀림없이 당파성이 유발되기 때문이다. 현실이 인간의 산물, 즉 사회적 구성물이라는 점을 인정하면 인지와 객관적 현실 사이의 확고한 연결이 약화되고 우리 자신이 하는 진술과 설명에 대해 취하는 입장도 의문시하게 된다. 더욱이 다른 사람들이 사태를 보는 방식도 그들의 공통적인 이해관계에 엄청나게 좌우된다는 점을 지적하게 된다.

이는 (밀접하게 연관될 수는 있겠지만) 정직성에 대한 주장이 아니라 거짓말보다 미묘한 뭔가에 관한 것이다. 이데올로기는 그 신봉자들이 진심으로 믿고 있다는 점에서 시치미떼기와 구별된다. 청소년 임신율이 높아진 건 무신론자들이 공립학교에서의 기도를 금지한 결과라고 주장하는(일단 이런 주장이 오해라고 해보자) 미국의 보수주의 기독교도들은 거짓말을 하는 것이 아니다. 자기들끼리 공유하는 신념에서 영향을 받아 세상을 특정한 방식으로 보게 된 것이다. 노동권 신장이 일자리 감소로 이어질 거라고 주장하는 기업인들도 속이는 것이 아니다. 이들은 자신의 시각을 진심으로 표현하는 것인데, 어쩌다보니 그 시각이 운 좋게도 그들의 물질적 이해관계와 일치하는 것이다.

자신의 시각을 정확한 것으로, 타인의 시각을 이데올로기로 여기고 싶은 충동이 이는 건 자연스러운 일이다. 하지만 사회학은 이데올로기가 갈수록 많은 사회집단에 영향을 끼친다는 점을 밝혀냄으로써 그런 충동을 방해한다. 두 가지 사례가 특히 정곡을 찌른다. 1960년대에는 의사나 변호사 등이 장기간의 훈련을 통해 전문성을 획득하고 외부의 통제로부터 자유로우며(동료가 임무를 태만히 했는지를 판단할 수 있는 것은 의사뿐이다) 직업상의 신규 진입을 통제할 수 있고 높은 수준의 보상을 누린다는 점을 지적함으로써 전문직을 여타 직업과 구별하기 일쑤였다. 전문직과, 마찬가지로 접근을 제한하여 보상을 높이려는 다른 형태의 (기계공업 같은) 숙련노동 사이에는 명확한 선이 그어졌다. 전문직 종사자들은 어떤 높은 차원의 사회적 선(예컨대 보건이나 정의)에 봉사한다는 이유로 그런 행위를 해도 정당화되었다. 엔지니어들이 그런 행위를 하면 직업에 대한 부당한 제약으로 여겨졌고, 많은 국가에서는 그런 행위를 불법화했다.

사회학 연구는 전문직 종사자들이 누리는 혜택이 실제적인 반면에 이 혜택을 정당화하기 위해 하는 말은 대체로 이기적인 수사라는 점을 밝힘으로써 그들의 허울 좋은 자아상에 서둘러 구멍을 냈다. 긴 훈련기간은 필수적 기술을 획득하기 위해서라기보다 다른 계급, 인종, 젠더에 속한 사람들을 배제하기 위한 것인 경우가 많았다. 전문직 종사자들의 내부 단속은 공공선을 진작하기보다 일반인들의 철저한 지적으로부터 나쁜 관행을 숨기기 위해 이루어지는 경우가 더 많았다. 이들은 다른 모든 노동자들이 그렇듯, 이기적이고 소유욕이 많은 것으로 드러났다.

과학자들이 자신의 이론을 반박에 노출시키는 것을 극도로 꺼리는 경우가 많다는 점, 파벌의 사회적 영향이 정작 새로운 발상이 수용되는 방식에 중대한 영향을 끼친다는 점, 정통 과학과 유사 과학의 수행 사이에 관찰 가능한 차이가 없는 경우도 가끔 있다는 점을 보여주는 사회학적 연구로 인해 과학의 가식도 벗겨졌다. 결과의 권위를 보장해줄 방법이 있기는

커녕, 과학은 다른 유형의 직업과 상당히 비슷해 보였다. 제1
장에서는 과학에 대한 이런 격하가 터무니없이 과장되었다고
설명했는데, 서구의 사회과학에서는 이런 설명이 큰 인기를
얻었다.

사회학자들이 전문직과 과학의 특별한 위상을 깎아내린다
면 사회학자 자신의 연구는 어떻게 될까? 사회 **과학**이라는 **전
문직종**이 그 자체로 이데올로기에 물들어 있다는 게 당연한 귀
결이 아닐까? 사회학이라는 학문이 특별한 이데올로기적 관
심사를 갖고 있지 않다고 하더라도, 사회학에 종사하는 사람
들 대부분은 백인 남성 부르주아지들의 일반적인 인종적·젠
더적·계급적 이해관계에 영향을 받을 것이다.

이런 난제에 대한 유혹적인 해결 방법은 과학적 중립성에
대한 모든 주장을 폐기하는 것이다. 전통 학문이 기존의 경쟁
하는 시각들을 중재할 방법을 전혀 제시하지 못한다면, 학문
외적으로 유래한 근거를 바탕으로 편을 들고 한쪽으로 치우
친 당파적 시각을 선택해야 한다. 정확성 같은 목표들은 이념
적 결과의 이해관계로 대체된다. 카를 마르크스는 이를 **실천**
(praxis)이라고 부른다. 중요한 것은, 예컨대 범죄에 관한 설명
이 일관되고 또 활용 가능한 증거에 의해 뒷받침되는지 여부
가 아니라(왜냐하면 개연성과 증거의 위상은 그 자체로 이데올로
기의 산물이기 때문이다), 그 이론이 뭐든 간에 누군가가 자신이

지지하는 사회적 집단의 이해를 도모하는지 여부이다. 어느 건방진 범죄학자는 이런 연구 주제에 대해 영속적인 기여를 한 바가 전혀 없으면서, 에드윈 서덜랜드(Edwin Sutherland)가 대중투쟁을 촉진하는 데에 무슨 기여를 했느냐는 수사적 질문을 던져 미국 범죄학의 중진 중 한 사람의 연구에 대해 가당찮은 의문을 제기했다!

당파주의자들을 변호하는 또 한 가지 방식은 민족 연구와 여성학 분야에서 인기를 얻었다. 이 분야에서 주장하는 것은 객관성의 구현이 불가능하다는 것이 아니다. 설령 그 일이 가능하다고 하더라도 그 객관성이 사회학적 기획을 방해한다는 얘기다. 그들은 설명하려면 일단 이해해야 하고 이해하려면 일단 경험해야 한다고 말한다. 흑인이 된다는 것의 의미는 오직 흑인만이 진정으로 이해할 수 있고, 오직 여성만이 다른 여성들을 이해할 수 있다고 말이다.

그러나 이런 주장을 의심하게 되는 타당한 이유 중 하나는 이런 주장이 공평하게 제기되지 않는다는 점에 있다. 사회학자들이 오직 귀족만이 귀족정을 유용하게 연구할 수 있다거나 파시스트만이 파시즘을 연구할 수 있다고 주장하는 모습은 보이지 않는다. 이런 식의 특별한 주장은 연구자 자신에 의해서거나 연구자가 좋아하는 사람들을 대신해서만 제기된다. 많은 경우 이는 그저 도덕적 우월성을 강조하는 방법일 뿐이다. 미덕을 과시하는 일이다. 확실히, 연구자가 어떤 특징을 가지고 있다면 같은 특성을 지닌 다른 사람들을 이해하는 데 유용할 수 있다. 제1장에서 사회학을 일반적으로 변호할 때 나 역시 그렇게 말했다. 하지만 정직한 학문에는 비장의 카드를 위한 자리가 없다.

어떤 집단을 이해하기 위해 그 집단에 소속되어야 한다는 생각은 그 집단이 정의되는 방식에 따라 더욱 의심스러워진다. 내부자와 외부자를 가르는 선을 그으려면 (노골적으로 조작되거나) 확실히 과장된 공통적인 경험과 이해관계를 내집단에 심어둬야 한다. 모든 여성이나 모든 소수민족 구성원이 비슷한 경험을 공유하거나 비슷한 가치관을 품고 있는 건 절대 아니다. 마거릿 대처는 영국의 첫 여성 총리였지만 페미니스트들이 여성의 이해관계라고 정의한 것에 별로 공감하지 않았다. 콜린 파월은 1990년대 초 미군에서 가장 높은 계급에 오른 흑인이었지만 20세기의 가장 보수적인 대통령인 로널드 레이건 밑에서 복무했으며 인종적 소수자들을 위한 대의명분에 자신을 연관시키는 경우가 거의 없었다. 당파성이 강한 지식인의 한 가지 반응은 그런 사람들을 영예로운 집단에서 추방하는 것이다. 대처는 진짜 여자가 아니었고 파월은 '톰 아저씨'였다는 식으로 말이다. 실제 인물의 다양한 의견을 이데올로기에 의해 왜곡된 것으로 간주하고, 만약 왜곡되지 않았다면 어떤 입장을 취했을지 분석가들이 가정하는 내용으로 대체하는 것도 또다른 반응이다.

이보다 심각한 문제는 당파주의자들이 종종 모든 사회학자는 동일한 가치를 공유한다고(혹은 공유해야 한다고) 가정한다는 점이다. 미국 사회학회 회장으로 재임하던 마이클 뷰러워이(Michael Burawoy)는 '공공사회학'을 열렬히 지지했다. 사회학은 더이상 객관적인 사회과학인 척하지 말고 편을 들어야 한다는 것이었다. 사회학은 시민사회를 옹호하고 권위주의 정부와 신자유주의 경제에 반대해야 한다고 말이다. 예컨대, 사회학은 '새로운 사회운동'을 지지해야 했다. 그는 정확히 어떤 새로운 사회운동의 이데올로기가 우리의 지침이 되어야 하는지에 대해서는 구체적으로 언급하지 않았다. 아마도 그가 21세기 벽두에 서구 전역에서 인기를 얻은 일종의 민족국가주의자들보다는 소수자 권익 운동가들이나 환경주의자들과 공동 전선을 구축하기를 원했을 거라고 추측할 수는 있지만, 학문이라는 분야에서는 그 어떤 것으로도 그렇게까지 편협한 당파성을 정당화하거나 캘리포니아 학자들의 선호에 어울리는 것으로만 사회학을 제한하는 일을 정당화할 수 없다.

사회학은 사회적 현실을 공평무사하고 상세하게 연구하면서 이를 통해 자신이 하는 일과 그 일을 하는 이유에 관해 이상적인 설명을 계속 내놓으며 사람들의 가식을 벗겨낸다는 측면에서 본질적으로, 또 합리적으로 급진적이다. 하지만 대놓고 당파성을 띤다는 것은 이런 일을 오직 당파주의자 자신이 좋아하지 않는 사람이나 계급, 집단, 제도, 운동에 대해서만 하겠다는 뜻이다. 그런 선택적 태도는 사회학적 사명에 대한 배신이다.

물론 누구나 사회학자가 시민 개인으로서 자기 연구의 결과를 활용해 정치적 태도를 정당화하거나 연구 자료를 바탕으로 정치적 설득을 하지 못하게 막아서는 안 된다. 또한 사회학자가 진짜 전문가로서 잘 아는 문제에 대해 낸 의견을 다른 이들의 의견에 비해 진지하게 받아들이라고 주장하는 것도 막아서는 안 된다. 어쨌든 그것이 전문성의 의미이니 말이다. 내 주장은 사회학 연구를 하거나 사회학적 사고를 할 때에는 당파성을 독려하거나 찬미하기보다 지양해야 한다는 좁은 주장이다. 운 좋게도 외부의 제약으로부터 상대적으로 자유로워진 사람들까지 객관성을 위한 모든 시도를 폐기하지 않더라도 세상에는 '참여하는 목소리들'이 충분히 많이 있다(슬프게도 '참여하는 두뇌'가 없는 경우는 많지만).

이 대목에서 나는 객관성이라는 목표를 변호하고자 한다. 당파주의자들은 사회학자도 이데올로기적으로 제한된 자신만의 세계관을 초월할 수 없으므로 가치중립적인 사회과학은 불가능하다고 주장한다. 일종의 신앙고백이 아니라면, 이런 주장도 검증 가능한 명제로 취급되어야 할 것이다. 조심스럽긴 하지만, 나는 먼저 당파주의자들부터가 그 주장을 반박하고 있다는 점을 지적하고 싶다. 그들의 주장은 다른 사람들은 이데올로기로 눈이 가려져 있는 게 분명하지만 자신들만은 안개 너머를 보는 데 성공했다는 것이다. 당파주의자들이 자신의 면역력에 대한 개연성 있고 검증 가능한 설명을 제시할 수 있는 게 아니라면, 그들이 지적으로 건강하다는 사실 자체가 다른 모든 사람들이 앓을 수밖에 없다는 그 질병의 만연과 심각성을 의심할 만한 좋은 이유가 된다.

둘째 응답은 연구자들의 사회학 외적인 관심사가 몇몇 연구 결과를 왜곡할 수 있을지는 모르겠지만, 그 모든 것을 왜곡하지는 않을 수 있다는 점을 지적하는 것이다. 질병의 은유를 이어가자면, 그 병이 모든 기능을 동일하게 손상시키지는 않을 수도 있다는 얘기다. 북아일랜드에 대한 나 자신의 연구를 예로 들어보자. 내가 아일랜드인이 아닌 스코틀랜드인이어서 공화당 테러범들보다는 영국 귀속파 테러범들에게 더 공감하게 되는 건 당연한 일일지 모르지만, 그 사실이 테러범들이 어떻게 지도자로서의 지위를 얻었는지에 대한 내 설명에는 영향을 끼치지 않았을 수 있다. 객관성에 반대하는 주장은 오염을 일으키는 편견이 연구 전체를 왜곡시킨다고 가정한다. 내 경험을 돌아보면, 사회학의 수많은 흥미롭고 중요한 질문에는 연구자의 사회적 이해관계에 따라 관찰과 설명을 체계적으로 달라지게 만들 만한 도덕적·민족적·정치적 흥분이 실려 있지 않다.

게다가 연구자들이 편견을 가졌을 것이라고 예상할 수 있는 사례들에서조차 사회학자들이 개인적 선호와 충돌하는 입장을 취하는 모습이 종종 보인다. 종교사회학의 예를 들어보면, 몇몇 사회학자들은 오늘날 종교가 현저하게 쇠퇴했다고 믿는다. 다른 사람들은 표면적인 쇠퇴 이면에는 종교의 표현 양태만을 바꿀 뿐인, 영속적이고 상당히 지속적인 종교성이 있다고 믿는다. 종교를 연구하는 수많은 사회학자들은 종교를 지닌 사람들이고, 자신의 신앙을 더 잘 이해하려던 중 이분야에 매력을 느꼈다. 그러므로 이런 해설자들의 개인적 가치관이 증거를 대하는 그들의 방식에 영향을 끼칠 것이라고예상할 수 있을지 모르겠다. 하지만 사회학자들은 정작 줄을 서지 않는다.

세속화의 증거에 설득당한 사람들 중에는 예컨대 자유주의적 무신론자, 루터교도, 성공회 사제 서품을 받은 옛 감리교도, 그리고 도덕적 신념에 따른 죽음을 애도했던, 정치적으로 보수적인 무신론자, 미국 주요 종파의 관료, 보수적 침례교 대학교의 교수가 있다. 현대 사회가 산업화 이전의 사회들과 거의 모든 면에서 같은 정도로 종교적이라고 믿는 사람들도 비슷한 정도로 폭넓은 종교적 입장을 보인다. 이런 학자들 중 일부는 종교적 신념을 바꾸지 않은 채 사회학적 전장에서만 진영을 바꾸는데, 그런 모습을 관찰할 때마다 나는 최소한 이 분야만큼은 이해관계를 넘어서거나 제쳐둘 수 있다는 결론을 내리게 된다. 정치사회학에 대해서도 비슷한 주장을 할 수 있다. 이 분야에도 자신이 개인적으로 참여하고 있는 사회적 세계의 양상을 연구하는 학자들이 있는데, 예컨대 투표 행위에 대한 경합적인 설명들과 정치적 선호를 쉽게 짝지을 수 있는 경우는 없다.

당파주의자들에게 더 근본적인 답변을 해보자면, 학문의 질이 오직 학자들의 개인적 미덕에만 의존하지는 않는다는 말을 할 수 있다. 자연과학에 대해서도 한 이야기이지만, 사회과학에서도 사회 구조는 이해관계로 인한 오염을 막을 보호책을 일정 부분 제공한다. 사회학자들은 생각과 정보의 편리한 교환을 가능케 하는 경쟁적 환경에서 일한다. 내 눈이 아무리 가려져 있다 한들 내가 틀렸음을 입증하려고 눈에 불을 켠 사람들이 존재한다는 뜻이다. 학자 모두가 학문 외적인 가치관을 결여하고 있어야만 객관성이 보장되는 건 아니다. 경쟁과 협력이 학자 개인이 가진 편견의 왜곡 효과를 상쇄한다.

마지막으로, 신념과 가치관을 넘어서서 객관성을 향해 나아가는 길의 장애물을 극복하기가 얼마나 어려운 일인지 인정하는 건 대단히 분별력 있는 일이라는 점을 지적하고 싶다. 미국의 경제학자 로버트 솔로(Robert Solow)가 멋지게 표현했듯, 우리는 병균이 전혀 없는 환경을 만드는 것이 거의 불가능하다는 걸 알지만 대부분은 하수구보다 현대식 수술실에서 심장 수술을 받으려 할 것이다.

상대주의자

이데올로기적 오염의 문제에 대한 한 가지 응답이 노골적인 당파성이라면 또다른 응답은 상대주의이다. 다시 포스트모더니즘이라는 주제를 다뤄볼 차례다. 현실을 이해하는 게 불가능한 일이라면, 사회적 세계에 대한 객관적이고 정확한 설명이 전혀 가능하지 않고, 우리는 이런저런 입장에서 세계가 어떻게 보이는지에 대한 부분적 묘사만을 끊임없이 해내는 일밖에 아무것도 할 수 없다.

또한 그런 설명 중 어느 것도 다른 것보다 우월하지는 않다. 여기에서도 사회학자가 기술한 세상의 여러 측면과 그가 자신의 연구를 바라보는 방식이 상호작용하는 복잡한 양태가 보인다. 상대주의는 미디어 연구나 문화연구처럼 사회학의 주변부에 놓여 있는 학문 분과들에서 특히 인기를 얻었지만, 마치 암처럼 사회학의 몸 전체에 그 부산물을 먹였다. 암이 그렇듯, 사회학이 살아남으려면 이를 제거해야 한다.

　문화연구에서 상대주의가 인기를 얻은 이유는 쉽게 이해할 수 있다. 작가나 화가로서의 전문적 기술을 비교평가할 수는 있겠지만 제인 오스틴이 애거서 크리스티보다 좋은 작가이고 존 컨스터블이 잭 비트리아노보다 나은 화가인지는 대체로 취향에 달린 문제다. 대부분의 사회에서는 사회적 위계가 취향의 위계를 만들어낸다. 특정 계급이 좋은 예술과 나쁜 예술을 결정한다. 1950년대 영국에서는 "예술에 대해서는 잘 모르지만 내가 뭘 좋아하는지는 안다"는 표현이 교육 수준이 낮은 전형적인 하위 계급 사람들을 모욕하는 일종의 농담이었다. 1990년대에는 이것이 숭고한 민주주의 원칙에 대한 표현이 되었다. 좋은 문화의 '정전'을 보존하려는 노력들은 엘리트주의적 어리석음으로 간주되었다. 오스틴이 크리스티보다 나은 작가라고 주장하는 것은 속물근성으로 여겨지게 되었다.

　수많은 서구 민주주의 사회에서는(특히 미국에서는) 문화적 위계에 대한 공격이 계급 차원에서만이 아니라 젠더나 인종적 편향 차원에서도 이루어졌기에 유난히 신랄한 어조를 띠게 되었다. 고급문화는 '죽은 백인 남성들'의 작품이라고 일축되었다. 미술과 문학에서는 이런 비평에 어느 정도 공감할 수 있을지 모른다. 하지만 이런 비평은 정당한 개인적 선호의 문제와 사실의 문제 사이 어느 지점에 선을 그어야 하느냐는 거북한 질문을 불러일으킨다. 합리적 사고와 사회과학의 가능성을 믿는다면, 모든 이에게 믿고 싶은 것을 믿을 권리를 부여하는 동시에 어떤 믿음은 틀렸다고 주장할 권리도 주어야 한다. 당신에게는 세상이 거대한 초록색 도마뱀들에 의해 운영되고 있으며 서구의 정부들이 외계인과 정기적으로 접촉하고 있다고 믿을 권리가 있지만, 나는 그런 믿음에 별 근거가 없다고 애써 주장하고자 한다.

상대주의자들이 하는 일은 개인적 선호의 영역을 확장함으로써 타당하게 동의하지 않을 수 있는 영역을 확대하는 것이다. 시민권의 민주주의는 모든 사람에게 지식에 접근할 평등한 권리가 있다는 뜻이 아니라, 모두가 믿는 것이 평등하게 진실일 가능성이 있다고 가정하는 형태의 지식의 민주주의가 된다. 르네 데카르트의 "나는 생각한다, 고로 존재한다"는 "나는 믿는다, 고로 옳다"가 된다.

상대주의의 매력은 부분적으로 그 극명함에 있다. 상대주의는 극적이고 선명한 반면에, 그것에 대한 비판적 반응은 진부하고 초점이 맞지 않는 것처럼 보이는 경우가 많다. 다행히도 그렇다고 해서 그런 비판들이 좋은 응답이 될 수 없는 건 아니다. 단순하고 주목도 높은 신조를 원하는 사람들을 만족시키지는 못하겠지만, 이런 주장들은 함께 어우러져 확실히 상대주의에 대한 종합적 반박을 형성한다.

창조와 발견을 구별하는 데에서부터 출발하는 것이 좋다. (모든 문화적 산물이 그렇듯) 설명과 이론이 사회적 구성물인 것은 사실이지만, 그렇다고 해서 이런 설명이나 이론이 발견했다고 주장하는 것들이 사실은 창조해낸 것들이라고는 이야기할 수 없다. 뉴턴은 '중력'을 발견했지만, 그의 지적 활동 전에도 사람들은 지표면에 발을 붙이고 사는 데에 아무 어려움이 없었다. 그는 중력을 발견한 것이다. 창조한 것이 아니다.

또다른 명쾌한 반격은 사회적 설명들이 한낱 내러티브일 뿐이라는(또한 그런 내러티브 중 다른 것들보다 나은 건 하나도 없다는) 상대주의자들의 주장과는 반대로, 사회학자들은 증거에 대해 합의하는 경우가 많다는 점을 지적하는 것이다. 물론 합의 자체가 증거가 될 수는 없다. 연금술사들은 일련의 가정과 방법을 공유했지만 연금술이라는 기획은 그래도 엉터리였다. 그러나 그 배경에 다른 공통점이 없는 수많은 학자들이 유사한 결론에 이른다면 그들의 발견을 집단적 망상으로 보기가 어려워지고, 그들이 외부의 어떤 현실과 연결을 맺고 있다고 추정하기가 쉬워진다. 다양한 배경을 가진 학자들이 뭔가에 합의할 수 있다는 사실은 저 바깥에 진짜 세계가 우리의 믿음과는 독립적으로 존재하며, 아무리 못해도 개인적 선호를 표현하는 것 이상의 방식으로 그 세계를 탐사하고 싶은 열망을 품을 수는 있다는 점을 시사한다.

문화적·사회적 경계를 넘어서는 이해가 가능하다는 주장은 중요하다. 어떠한 독해도, 어떠한 진술도 다른 것보다 유효하지는 않다는 포스트모더니즘의 주장이 맞는다면, 소규모의 마법적 동아리를 넘어서는 의사소통은 불가능할 것이다. 번역이라는 개념은 그 자체로 (최소한 이론적으로는) 더 정확하고 덜 정확한 번역을 구별할 수 있음을 가정한다. 쉽지는 않더라도, 민족국가들이 조약을 협상하고 선교사들이 성서를 외국어로 번역한다는 사실(이건 '사실'이다), 날마다 수백만 명이 계급, 젠더, 인종, 민족, 세대, 언어의 경계선을 넘나들며 성공적으로 의사소통을 하고 있다는 사실을 보면, 상대주의자들의 비관주의가 부적절하다는 확신을 갖는 게 마땅한 일이다.

번역이 가능한 것은 그 모든 인류학적 변주에도 불구하고 인간 경험에 공통점이 많기 때문이다. 심리학자들이 연구한 인지와 추론 절차는 정말이지 보편적이다. 세계 어느 민족도 자기 자녀의 수를 헤아리거나, 아이들이 배고픈지 여부를 알아내는 데에 어려움을 겪지는 않는다. 어떤 문화는 아들을 강하게 선호하고 어떤 사회는 아들과 딸을 동등하게 대할 수 있겠지만, 부모가 될 때의 기쁨과 시련은 전 세계적으로 유사하다. 사람들이 좋아하는 쇠고기 요리가 서로 다르듯 문화는 서로 다를 수 있다. 과거에 일부 사람들은 지방이 많은 쇠고기를 좋은 것으로 여겼지만 요즘 우리는 기름기가 없는 고기를 선호한다. 하지만 이런 차이 자체는 전 세계의 소 사육자들이 기름기 없는 고기가 지방이 많은 고기보다 낫다는 이해를 공유하고 있기에 생길 수 있다. 수백 년 동안 동아프리카의 마사이족은 매우 열악한 환경에서 소를 길러왔으므로 이들과 스코틀랜드 북동부의 풍요로운 목초지에서 소를 키우는 사육자들 사이에는 공통점이 별로 없다고 가정할 수 있겠지만, 아프리카 최초의 혈통 있는 품종인 심멘탈종 소는 에버딘셔 지역 농부와 마사이족이 협력한 결과로 탄생했다. 이들은 문자 그대로 세계를 사이에 두고 떨어져 있었으나 소를 사랑한다는 공통점을 지녔으며, 공통의 행위를 위한 공통의 언어를 교섭할 수 있었다.

상대주의에 대한 이런 반응이 어려운 것은 교전수칙 자체를 거부하는 상대주의자들이 이런 응답에도 별다른 감흥을 받지 않기 때문이다. 모든 비판을 그저 이데올로기일 뿐이라고 일축해버리는 당파주의자처럼, 상대주의자는 상대주의적 주장을 경험으로 시험해본다는 생각 자체가 상대주의로 인해 틀렸음이 입증된 지식 접근법에 근거를 두고 있다고 주장할 수 있다.

이런 전면적 거부를 넘어 합의에 이르는 최선의 응답, 상대주의자들에게 그들 자신은 한결같이 그들이 공언한 철학적 입장에 걸맞게 행동하는지 물어보는 것이다. 분명 그들은 그렇지 않다. 포스트모더니스트들은 책을 쓰고 강연을 한다. 또한 다른 사람들에게 자기 주장을 전하려고 애쓴다. 왜냐하면 자신들은 옳고 다른 사람들은 틀렸다고 믿기 때문이다. 만약 그들이 그들 스스로 처방한 약을 약효가 발휘될 만큼 충분히 복용했다면, 그들은 장사를 집어치워야 한다. 어떤 책도 다른 책보다 낫지 않다면, 왜 그런 주장을 펴겠다고(그것도 누차) 나무를 베는가? 오류로부터 진실을 구별하는 일이 불가능하다면, 왜 포스트모더니스트들은 그들의 시각을 공유하지 않는 사람들과 논쟁을 벌이는가?

통계공포증 환자

이 대목에서 언급하기에는 이상한 주제처럼 여겨질지 모르지만, 사회학에는 사회학적 기획을 다소간 위협하는 경향이 있다. 사회과학이 과학을 표방한다는 점에 대한 포스트모더니즘적 비판에 의해 주도된 경향이다. (전통적으로 인류학과 사회학이 제도적으로 가까웠던) 영국과 프랑스의 사회학에 비해 미국과 독일의 사회학은 이 병에 덜 감염된 것으로 보이는데, 사회학은 연구대상의 특성상 과학이 될 수 없다는 주장과 사회적 설명을 숫자로 제시하고 통계적으로 분석하는 행위가 사회학적 연구대상의 본질적 속성을 해친다는 주장 사이에는 암묵적인 상관관계가 있는 경우가 많다.

숫자 기피에는 변명의 여지가 없다. 모든 관찰에는 아무리 못해도 암시적인 숫자 헤아리기가 포함된다. 인류학자가 어떤 사회를 모계 사회라고, 다른 사회를 부계 사회라고 설명했다면, 그는 어머니와 아버지의 상대적 중요성을 보여주는 행위와 진술의 사례들을 머릿속으로 헤아려보고 두 더미의 무게를 재본 다음 상대적 무게를 기초로 적당한 이름표를 선택한 것이다. '더' 혹은 '덜' 같은 단어를 사용하는 사람은 누구나 암암리에 숫자를 그려보고 있다. 순음(음향 주파수의 연속되는 음계에 속한 임의적 지점들)을 뚜렷한 음표로(G음이 A음보다 한음 높다고 비교할 때처럼) 분류하는 것이 일정 부분 정보의 손실을 포함하는 것과 마찬가지로, 복잡한 관찰을 압축해 척도로 표현하면 실제로 뭔가가 상실된다. 하지만 단어를 사용할 때도 이 점은 마찬가지다. 게다가 끔찍할 정도로 많은 단어들을 사용하지 않는 한, 단어로만 이루어진 설명의 정확성은 숫자로 된 설명의 발끝에도 미치지 못한다. 물론 숫자의 정확성이 가끔은 오인을 초래할 수 있고, 미세한 퍼센티지 차이에서 뭔가를 읽어낼 사람은 바보밖에 없겠지만, 숫자와 척도의 유용성은 이 모든 문제를 상쇄하고도 남는다. 숫자를 쓰면 단어를 쓸 때보나 훨씬 많은 데이터를 분석할 수 있다.

제4장에서 언급한 건강과 사회 계급의 상관관계로 돌아가

보자. 일단 건강에 대한 척도는 있다고 가정하겠다. 그렇다면 사회 계급은 어떻게 측정하는가? 보통 그렇듯 모든 직업을 다섯 개 혹은 일곱 개의 등급으로 나눌 수도 있고, 더 나아가 이를 두 개의 등급만으로 단순화할 수도 있다. 화이트칼라와 블루칼라, 혹은 비(非)육체노동과 육체노동으로 말이다. 교육 수준을 더할 수도 있다. 교육받은 경험은 분명 아주 다양하겠지만, 보통은 고등학교까지 교육받은 경우와 그보다 더 교육받은 경우로 나뉜다. 부는 아주 많은 방식으로 기술할 수 있지만 보통은 명목소득을 두세 범주로 나누어 활용한다.

이런 모든 작업에서 단순화가 일어난다. 그러나 이때의 크나큰 이점은, 일단 단순화를 하고 나면 건강과 사회 계급의 상관관계를 수천 명, 심지어 수백만 명에 대해서도 비교할 수 있다는 것이다. 이 정도로 조사대상의 수가 많으면 예외와 특이성이 상쇄되므로 결과가 왜곡되지 않았다고 확신할 수 있다. 대부분의 사회학 연구에는 설명하고자 하는 패턴을 식별하기 위한 대규모 데이터가 필요하다. 일단 패턴을 확인한 뒤에는 표본이 되는 소수의 사람들을 장기간 인터뷰함으로써 가난, 실업, 낮은 교육 수준 등이 건강 악화와 어떤 식으로 관련되는지 알아볼 수 있다. 적절한 방향으로 우리를 안내해줄 상세한 민족지를 읽음으로써 연구를 시작할 수도 있다. 하지만 숫자 척도로 표현된 수많은 관찰에 대한 통계적 분석이 없으면, 사회과학이 설명하고자 하는 패턴을 식별할 수 없다.

시대정신 철학자

내가 이쯤에서 지목하고 싶은 사회학에 대한 위협은, 역설적이지만 사회이론에서 제기된다. 당연한 얘기지만 사회과학은 설명에 관심을 가져야 하고, 서로 연관된 설명의 꾸러미는 '이론'으로 이야기되는 경우가 많다. 내가 문제를 제기하는 이유는 사회이론에 관한 책이나 강좌가 다루는 연구 중 상당 부분이 사회학이 아니라는 데 있다. 이론가 중에는 문예평론가들(에드워드 사이드, 주디스 버틀러 등)이나 철학자들(미셸 푸코 등)이 있는데, 이들의 이론은 충분한 증거로 뒷받침되는 연구로부터 끌어낸 균형 잡힌 일반화라기보다는 포괄적 일반화다. 이를테면, 예시로 언급한 이 학자들은 각기 오리엔탈리즘, 수행성, 통치성을 현대적 삶의 가장 중요한 주제로 제시한다. 사회학자로서 훈련을 받은 이론가들조차 인상적인 단어나 문구로 시대의 본질을 포착하려는 짧고 분명한 은유를 선보일 때에 가장 큰 명성을 얻는 경향이 있다. 울리히 벡의 '위험사회'(risk society), 지그문트 바우만의 '유동하는 현대'(liquid modernity), 마누엘 카스텔의 '네트워크 사회'(network society)가 그런 예다.

큰 개념 자체가 잘못된 건 아니다. 좁은 지역에서 짧은 기간에 벌어진 일들을 연구하며 오랜 세월을 보내는 역사학자라면 기계적 연대에 토대를 둔 사회와 유기적 연대에 토대를 둔 사회를 대조하는 뒤르켐이나, 공동체와 자발적 연합을 대조하는 페르디난트 퇴니스에게 불쾌감을 느낄 수 있겠지만, 일반화를 추구한다는 점에서 사회학은 역사학과 엄밀히 다르다.

현재 유행하는 수많은 시대정신 은유는 너무 포괄적이고 근거를 찾기에는 뿌리가 너무 얕다는 점에서 문제가 된다. 이런 이론들이 인기를 얻는 이유는 광범위하게 적용할 수 있기 때문인 듯한데, 그 넓은 적용 범위는 피상적이며 구체적으로 적용하기 어려운 지점들을 은폐한다. 약간만 상상력을 발휘하면 거의 모든 것을 유동하는 현대로 설명할 수 있다. 현란한 은유는 세계를 이해하는 데 도움이 되지 않는다. 최고의 사회학 이론은 경험적 사회연구와 훨씬 가까운 데에 있다.

종속적 사회학자들

마지막으로, 서문에서 언급한 주제인 사회학 내 분파의 무용성으로 돌아가보자. '사회학'이라는 명사에 형용사가 선행하는 경우는 흔하게 발견된다. 페미니스트 사회학, 정치사회학, 경제사회학, 비판사회학(critical sociology. 비판이론critical theory이라고도 한다―옮긴이) 등이다. 그 의미는 다음 둘 중 하나일 수 있는데, 그중 하나는 좋은 것이고 하나는 나쁜 것이다. 형용사는 그저 사회적 삶의 영역 혹은 연구 주제를 설명하거나 더 긴 문구를 끊어낸 것일 수 있다. 정체(政體)에 관한 사회학은 정치사회학이 되고, 젠더 차이를 심각하게 받아들이는 사회학은 페미니스트 사회학이 되며, 경제에 대한 사회학은 경제사회학이 되는 식이다. 하지만 그렇지 않은 경우, 사회학 앞에 붙는 형용사는 그런 연구를 하는 사람들이 자신이 하는 종류의 사회학에는 다른 원칙, 다른 연구방법, 심지어 다른 윤리가 필요하다고 생각한다는 뜻일 수 있다.

종교에 대한 사회학(단지 종교적 제도와 행동을 들여다본다는 의미의 사회학)과 종교적인 사회학(1950~60년대에 가톨릭교도들 사이에서 인기를 얻었으며, 가톨릭 원칙의 영향을 받아 기독교를 장려하고 개선하는 데 유용한 사회학)을 비교하면 그 핵심을 알 수 있다. 페미니스트 사회학이라는 말이 페미니스트들이 자신의 중요성을 유창하게 웅변하기 전까지 간과되었던 주제들을 연구하거나 그에 관한 질문을 던지는 것을 의미할 뿐이라면, 그런 페미니스트 사회학은 사회학 레퍼토리의 타당한 일부다. 그러나 가끔 주장되듯 페미니스트 사회학이 연구를 시작하기도 전에 미리 결론을 내려놓고, 가부장적이라는 이유로 설문조사와 통계를 회피하며, 정확한 기술과 설명보다 정치적 변화를 앞세운다는 의미라면, 그런 페미니스트 사회학은 기독교 사회학이나 이슬람교 사회학 이상으로 타당하다고 볼 수 없다. 정부가 우리로 하여금 간과하기를 바라는 주제들을 연구하고 권력에 대해 인기 없는 질문들을 던진다는 의미라면, 비판사회학은 사회학의 타당한 부문이다. 그러나 마르크스주의 정치를 옹호한다는 의미라면, 파시스트 사회학이나 전체주의 사회학과 마찬가지로 타당하지 않다.

사회학의 속성

이 짧은 책에서 우리 세계를 이해하는 데에 사회학자들이 한 기여를 종합적으로 나열하는 방법으로 사회학을 설명하기란 불가능했다. 대신에 나는 주요 학자와 그들의 가장 중요한 업적을 일부 언급하고자 노력했다. 계급에 대해서는 마르크스와 베버, 합리성에 대해서는 베버, 아노미에 대해서는 뒤르켐, 본능에 대해서는 겔렌, 범죄의 구조적 원인에 대해서는 머튼, 사회화에 대해서는 미드와 쿨리, 과두제에 대해서는 미헬스, 가족에 대해서는 파슨스, 이름표 붙이기에 대해서는 베커, 역할과 총체적 기관에 대해서는 고프먼을 말이다. 경험적인 사회학적 연구를 충분히 언급함으로써 사회학자들이 하는 일에 관한 개념을 전달하려고 노력하기도 했다. 그러나 이 글은 사회학을 요약한 것이라기보다는 사회학에 관한 감을 잡을 수 있도록 돕기 위한 것이다.

추측 이상의 뭔가가 되려면 사회학은 **경험적**이어야만 한다. 이 말은, 사회학적 설명(그리고 그 설명을 묶은 이론이라는 꾸러미)이 현실 세계에 대한 건전한 관찰에 토대를 두고 있어야 한다는 뜻이다. 따라서 학자를 선택할 때는 이론을 상세한 자료 조사와 결합시킨 사람들을 택했다. 경험적인 학문이 되려면 사회학은 자연과학을 본보기로 삼아야 한다.

하지만 사회학이 사회과학이어야만 한다고 주장할 때에는 사회학 특유의 연구대상에서 유래하는 고유한 이점과 난점도 염두에 두어야 한다. 사회학자들은 우리 자신을 연구한다. 우리가 본능에 의한 충동을 실행에 옮기고 물리적 환경에 반응하는 것 이상의 무언가를 할 수 있게 해주는 바로 그 추론과 해석의 능력 덕분에 우리는 무엇이든 연구할 수 있다. 이는 사회적 행위를 물리적 세계의 법칙과 비슷한 이면의 패턴에서 나온 증상으로 취급할 수는 없다는 뜻이다. 우리는 사회적으로 구성되었다는 현실의 속성을 인식해야 하고, 그러한 사회적 구성을 연구해야 한다(사회학 자체가 이런 연구의 체계적이고 정교화된 구체적 사례다). 당파주의자나 상대주의자에게 이는 사회과학을 버리고 이데올로기적 기반에 따라 한쪽 편을 들거나(당파주의적 시각) 모두의 편을 들든지 누구의 편

도 들지 않는(상대주의적 입장) 방식으로만 응답할 수 있는 난
제다.

앞서 주장했듯, 이 두 가지 형태의 항복은 모두 사회학의 비
범한 연구주제에 대한 불필요하게 비관주의적인 반응이다.
범죄의 원인이나 서구에서의 종교의 쇠퇴를 이해하는 건 물
론 쉬운 일이 아니며, 정치적 선호나 교육적 성과를 설명하는
것도 마찬가지로 어려운 일이다. 하지만 일상 속에서 어느 버
스가 마을회관으로 가는지, 어느 교회가 고백을 들어주는지,
어느 정당이 우리의 선호와 가까운지, 우리 아이들이 거짓말
을 하는 때는 언제인지 알아낼 수 있다고 믿는다면 거시적 규
모에서 이런 질문들을 체계적으로 검토하는 것이 불가능하다
고 믿어야 할 이유는 없다.

이 글 여기저기에서 나는 사회학적 설명이 상식과 달라지
는 여러 방식에 주목했다. 사회학은 사회적으로 구성되었다
는 현실의 속성을 인정한다. 사회학은 행위의 숨겨진 원인을
찾아낸다. 사회학은 행위의 예상치 못한 결과를 설명한다. 하
지만 나는 상식 자체가 사회과학의 가능성을 가장 잘 보증해
준다고도 주장하고 싶다. 솜씨가 뛰어난 사람과 그만 못한 사
람이 있고 누구나 실수를 하는 것은 사실이지만, 우리는 매일
수백 가지 소소한 방식으로 우리 자신과 타인의 행위를 관찰
하고 기술하고 이해하고 설명한다. 아마추어로서 그렇게 할

수 있다면, 더 큰 노력을 기울여 전문적으로도 그렇게 할 수
있을 것이다.

감사의 말

이 책의 집필을 제안한 고든 마셜(리버흄 특별연구기금 이사)과 옥스퍼드대 출판부의 조지 밀러에게 감사한다. 고든 마셜, 에든버러대의 스티븐 이얼리, 엑서터대의 데이비드 잉글리스는 친절하게도 초고를 논평해주었다. 스털링대 및 벨파스트 퀸즈대의 로이 월리스는 초기의 내 사회학 학습을 지도했다. 유니버시티 칼리지 런던의 데이비드 보아스는 내가 사회학을 사회과학의 한 부문으로 대하는 영구적 가치관을 갖도록 많은 영향을 끼쳤다. 힐러리 월포드가 초고를 교열해준 덕분에 나의 실수들이 다수 바로잡혔으며 댄 하딩도 비슷한 방법으로 이 개정판을 개선해주었다. 모두에게 감사한다.

참고문헌

제2장 사회적 구성

Émile Durkheim, *Suicide: A Study in Sociology*. Trans. J. A. Spaulding and G. Simpson (London: Routledge & Kegan Paul, 1970), 246, 248.

Erving Goffman, *The Presentation of Self in Everyday Life* (New York: Overlook Press, 1973), 75.

제4장 현대 세계

Gordon Marshall, *In Praise of Sociology* (London: Routledge, 1992), 29.

독서안내

종합적인 개설서들이 아주 많다. 현재 내가 가장 좋아하는 영국 책은 James Fulcher and John Scott, *Sociology* (Oxford: Oxford University Press, 2016)이다.

제2장에서 탐구한 이론적 문제들은 Peter L. Berger and Thomas Luckmann, *The Social Construction of Reality* (Harmondsworth: Penguin, 1976)에서 솜씨 있게 다루어졌다. 주요 개념을 좀더 간결하고 접근 가능한 형태로 정리한 Peter L. Berger, *Invitation to Sociology* (Harmondsworth: Penguin, 990)는 부분적으로는 다소간 읽기 어려운 면도 있다. 개인과 사회의 관계에 대해서는 Laurie Taylor and Stanley Cohen, *Escape Attempts: The Theory and Practice of Resistance to Everyday Life* (London: Routledge, 1992)에서 다룬다.

제4장에서 요약된 현대 사회에 대한 설명은 Ernest Gellner, *Plough, Sword and Book: The Structure of Human History* (London: Paladin, 1986)에서 많은 부분을 빌려왔다. 감탄이 절로 나올 만큼 깔끔한 서술로 수렵채집사회에서 농업사회로, 다시 산업사회로의 변화를 설명한다.

고전은 주기적으로 재간되는데, 마르크스는 어렵기도 하고 유행도 지났지만 베버와 뒤르켐은 지금까지도 가독성이 매우 좋다. 나는 H. H. Gerth and C. Wright Mills (eds), *From Max Weber: Essays in Sociology* (London: Routledge, 1991); Émile Durkheim, *Suicide: A Study in Sociology* (London: Routledge, 1970)를 추천한다.

오늘날 고전이 될 만한 연구들도 아주 많아서 그중 몇 가지만 선택하는 건 부당한 일이 되겠지만, 1950~60년대의 다음 저작들은 예리한 관찰과 사회학적 추론을 결합함으로써 사회학 전통의 모범을 보여준다. Howard Becker, *Outsiders* (London: Free Press, 1963); Melville Dalton, *Men Who Manage: Fusions of Feeling and Theory in Administration* (London: John Wiley & Sons, 1959); Erving Goffman, *The Presentation of Self in Everyday Life* (Harmondsworth: Penguin, 1969); Alvin Gouldner, *Wildcat Strike* (London: Routledge & Kegan Paul, 1957); David Lockwood, *The Blackcoated Worker* (London: Allen & Unwin, 1958); Michael Young and Peter Willmott, *Family and Kinship in East London* (Harmondsworth: Penguin, 1961).

1960년대부터는 모든 산업사회의 고등교육 부문이 엄청나게 팽창했고, 이와 함께 사회학자들의 수도 늘어났다. 사회학이 성장하고 전문화가 심화되면서, 어떤 연구도 그 연구가 속한 특정 분야 밖으로 널리 알려지기가 어려워졌다. 그러나 다음은 아주 다양한 형태의 경험적 연구를 보여주는 좋은 사례다. Pierre Bourdieu, *Distinction: A Social Critique of the Judgement of Taste* (London: Routledge, 2010);

Arlie Russell Hochschild, *The Second Shift: Working Parents and the Revolution at Home* (Harmondsworth: Penguin, 2012); Richard Wilkinson and Kate Pickett, *The Spirit Level: Why Equality is Better for Everyone* (Harmondsworth: Penguin, 2010).

역자 후기

학부 전공이 사회학이라고 말하면, 대개는 "그게 뭐하는 건데?"라는 질문을 받는다. 경제학은 경제를 연구하는 학문이고 심리학은 심리를 연구하는 학문이듯, 사회학은 사회를 연구하는 학문이라고 해봐야 상대방의 표정에서 의아한 기색이 사라지는 경우는 거의 없다. 경제나 심리와는 달리 '사회'라는 말 자체가 너무 광범위하고 추상적으로 느껴지기 때문일 것이다. 사실, 굳이 사회학이 아니더라도 문과 계열의 학문은 결국 모두 어떤 면에서든 인간 사회를 연구하는 것 아닌가?

이런 질문에 대해 답하기가 곤란해지면, 나는 사회학과에서는 "설문조사하고 통계 내는 법을 배운다"는 말로 얼버무리곤 했다. 실제로 사회학과 전공과목 중 설문조사나 통계의 기술만을 다루는 과목은 몇 안 되지만, 어쨌든 사회학 연구자들이 많이 사용하는 방법론으로서 이 학문을 정의하면 떨떠름하게나마 상대방이 고개를 끄덕였기 때문이다.

하지만 그 떨떠름함은 결국 해소되지 않는다. 듣는 사람 입장에서는, 그러면 사회학과 통계학의 차이가 무엇인지, 과연 설문조사를 하는 기술을 익히는 데에 4년이 꼬박 걸리는 건지에 관해 질문들이 이어지는 것 같다. 말하는 사람 입장에서도 명쾌하게 한 줄로 정리하긴 어려우나 종교사회학, 가족사회학, 민족사회학, 비판사회학 등 그간 배워온 사회학이라는 학문이 그저 설문조사의 기술과 그 자료를 해석하는 방법 이상이라는 걸 알고 있기에 찝찝하다.

이 책 『사회학』은 영국 애버딘대 사회학 교수이자 영국학사원 회원인 스티브 브루스가 쓴 입문서로, 이런 찝찝함을 해소하고 사회학이 무엇인지 이해하는 데 큰 도움을 준다.

먼저 그는 1장에서 사회학을 자연과학의 방법론을 사용하여 사회를 연구하는 학문으로 정의하되 연구대상의 특성상 사회과학과 자연과학이 달라지는 지점에 대해 짚는다. 일단, 그는 자연과학자와는 달리 사회학자는 실험을 할 수 없어 여러 비슷한 사례를 체계적으로 비교하는 등 새로운 방법을 창의적으로 고안해야 한다고 말한다. 자연물과는 달리 인간은 의지와 자율성을 가지고 행동하는 존재이므로, 사회현상을 제대로 이해하려면 행위자에게 어떤 방식으로든 의도와 목적을 물어야 한다는 점도 차이점이다. 다만 연구자와 연구대상 사이에 많은 공통점이 있어 직간접적인 의사소통을 할 수 있다는 강점은 실험을 할 수 없다는 단점을 상쇄하기에 충분하다.

물론 브루스가 제시하는 사회학의 방법론이 "설문조사를 하고 통계를 낸다"는 조악한 설명에 비해 훨씬 정교하기는 하지만, 방법론만으로 사회학이 정의되는 것은 아니다. 이에 2장에서 그는 "사회학의 실제적 지식을 엮어주는 중심적인 실타래"로 "현실이란 어디까지나 사회적으로 구성되는 것"이라는 전제와 "우리의 행동에는 숨겨진 사회적 원인이 있으며 사회적 삶의 많은 부분은 본래 모순적"이라는 점에 대한 인식을 꼽는다.

이 둘은 다소 복잡해서 각기 설명이 필요하다. 특히 현실이 사회적으로 구성되는 것이라는 말은 인간에게 사회란 무엇인지부터 따져봐야 제대로 이해할 수 있다. 브루스가 설명하듯, 사회학자들은 본능에 따라 사는 게 거의 전부인 다른 동물에 비해 인간에게는 너무 많은 선택지가 주어져 있어 자칫하다가는 그 많은 가능성에 압도당해 선택 장애를 겪게 된다고 본다. 그렇기에 인간에게는 사회와 문화가 본능 대신에 나서서 해야 하는 것과 하지 말아야 할 것을 정해주고, 사람들은 인생

대부분을 그 틀에 따라 살아가며, 덕분에 감당 못할 선택지에 압도당하지 않고 일부 영역에서 즉흥성과 창의력을 발휘할 수 있게 된다.

물론 사회는 자연물이 아니고 인간적인 기원이 있지만, 그렇다고 해서 제도나 문화를 인간이 쉽게 바꿀 수 있는 것은 아니다. 언어도 인간이 만든 것이 분명하지만, 통상적인 의미에서 대부분의 사람들이 이미 존재하는 언어를 가져다 그대로 쓰듯 사회와 문화도 마찬가지로 인위적으로 만들어낸 것이지만 특정 개인과 깊은 관련을 맺고 있다고 보기는 어렵다. 더욱이 사회의 온갖 규칙이나 문화가 인위적인 산물이고 언제든 바뀔 수 있다고 가정하면 인간은 다시 무한한 선택지 앞에 갈팡질팡하게 되는 아노미 상태에 빠지고 마는데, 우리는 문화의 인간적 기원을 잊고 마치 그것이 실존하는 어떤 물건인 것처럼 간주함으로써 그런 상황을 방지한다.

실은, 그렇게 간주하겠다고 마음먹을 필요조차 없다. 일상생활 곳곳에 기독교적 문화가 배어 있던 중세에는 "신이 있다"는 것이 하나의 신념체계가 아니라 세상의 이치로 받아들여졌듯, 충분히 많은 수의 사람들이 공유하는 문화는 자연스럽게 진리처럼 받아들여지고, 누군가 그 인간적 기원을 지적한다고 해도 쉽게 무너지지 않는다. 오히려 사람들은 그 '진리'를 어떤 식으로든 거칠 때에만 현실을 인식하거나 현실에 개입할 수 있다. 그런 의미에서 모든 사람의 현실은 서로의 인식에 의해 정의되고 제약된다. 저자는 이런 특징을 상호주관성이라고 표현한다.

그렇게 볼 때, 우리의 행동에 숨겨진 사회적 원인이 있는 것은 일면 당연한 일이다. 자발적·자율적으로 행동한다고 생각할 때조차 우리는 사회적으로 구성된, 상호주관적 현실에서 그렇게 하는 것이다. 우리가 하는 많은 행동은 개인적인 창의력의 소산이라기보다 이미 작성된 사회문화적 각본을 따르는 것일 경우가 많고, 이로부터 비롯된 결과 또한 행위자의 원래 의도나 예측에 들어맞기가 어렵다.

사회학은 이처럼 행위자의 의도와는 별개로, 이미 형성되어 있는 사회 구조나 상호주관적 현실에 따라 벌어지는 현상들을 자연과학에서 가져온 방법론을 통해 탐구하는 학문이다.

책이 무척 간결한데도, 브루스는 사회학의 중요한 연구들을 인용하면서 사회학이 무엇인지 구체적 사례를 통해 이해할 수 있도록 도움을 준다. 저자도 '독서안내'를 통해 사회학 입문자가 읽어보면 좋을 책들을 소개하고 있는데, 그 가운데 한국어로 번역, 출간된 명저들을 읽어보면 사회학이라는 학문에 대해 이해하는 데 도움이 될 것 같다.

먼저, 흔히 사회학을 정초한 인물로 여겨지며 이 책에서도 중요하게 다루고 있는 프랑스 사회학자 에밀 뒤르켐의 주요 저서로 『자살론』(황보종우 옮김, 청아출판사), 『사회학적 방법의 규칙들』(윤병철·박창호 옮김, 새물결), 『종교생활의 원초적 형태』(노치준·민혜숙 옮김, 민영사) 등이 출간되어 있다. 『자살론』은 특히 참고할 만하다. 뒤르켐이 이 책을 쓴 목적 중 하나가 자살처럼 개인적인 것으로 보이는 문제에도 사실 사회적 힘이 강력하게 작용한다는 것을 보여줌으로써 사회학이라는 학문의 고유한 접근방식을 제시하는 것이었기에, 자살이라는 소재 자체에는 별 관심이 없는 독자라도 이 책을 읽으면 학문으로서의 사회학을 이해하는 데 도움을 받을 수 있을 것이다.

카를 마르크스는 사회학을 포함한 현대 사회과학의 형성에 지대한 영향을 끼친 사상가이지만, 저자가 언급하고 있듯 그의 대표저작 『자본론』은 분량이 방대하고 계급의 경직성과 관련된 개념들을 전제하고 있어서 신중하게 공들여 읽어야 한다. 마르크스와는 조금 다른 입장에서 계급 문제를 연구했고 현대화와 관료제의 문제를 다룬 중요한 사회학자로 막스 베버가 있는데, 그의 저작 중 대표작인 『프로테스탄티즘의 윤리와 자본주의 정신』을 빼놓을 수 없다.

비교적 최근의 사회학자로서 가장 주목받는 인물인 어빙 고프먼의 저서는 흥미로운 주제와 접근법 때문에 사회학 연구자들뿐 아니라 일반 대중에게도 꽤 소개되었는데, 본문에서도 다루고 있는 『수용소』(심보선 옮김, 문학과지성사) 외에도 『자아 연출의 사회학』(진수미 옮김, 현암사), 『스티그마』(윤선길 옮김, 한신대출판부), 『상호작용 의례』(진수미 옮김, 아카넷) 등은 모두 인기 있는 명저다. 버스나 엘리베이터를 탔을 때 사람들이 서로 떨어져 서는 거리 등 미처 인식하지 못했던 일상의 작은 부분까지 세세하게 살피며 사회학적 담론을 이끌어내는 고프먼의 연구 성과는 그냥 읽기에도 재미있고, 스티브 브루스가 역설하는 (사회적 관심과는 다른) 사회학적 관심이 어떤 것인지 이해하는 데에도 도움이 된다.

자아 형성에 사회가 끼치는 영향에 관하여 본문에서도 소개한 쿨리와 미드의 연구는 사회학사에서 중요한 위상을 차지하는데, 쿨리의 경우 『사회조직의 이해』(정현주 옮김, 한국문화사)가 출간되었으나 미드의 책은 현재 절판된 상태다. 다만 루이스 코저의 『사회사상사』(신용하·박명규 옮김, 한길사)에서는 앞에서 소개한 저명한 사회학자들과 미드와 쿨리 외에도, 이 책에서 미처 다루지 못한 오귀스트 콩트, 스펜서, 짐멜, 베블런 등 중요한 인물들의 연구 성과를 간략히 소개하고 현대 사회학의 지형도를 포괄적으로 그리고 있어 입문자들이 참고하기에 좋다.

한편, 브루스는 사회학이 특유의 방식으로 사회를 탐구할 수 있게 된 것은 현대화가 진행된 이후의 일이라고 이야기한다. 사회학은 현대 사회를 연구대상으로 삼는 학문일 뿐 아니라 그 자체로 현대 사회의 산물이라는 지적이다. 실제로 사회와 문화가 단일한 구조로 이루어져 있어 사람들이 그 문화의 인간적 기원을 인식하기가 극도로 어려운, 예컨대 중세 기독교 사회에서는 사회를 연구대상으로 보고 그 작동원리를 파악하는 시도가 출현하기 어렵다.

그런 면에서, 사회학은 현대와 매우 밀접한 관련을 맺고 있다. 이때 '현대'란 영단어 modern을 번역한 것인데, 역사학 분야에서는 modern이 보통 자본주의 시민사회가 본격적으로 형성된 17~18세기를 일컫는 용어로서 '근대'라고 번역되는 것이 일반적이다. 그러나 사회학 분야에서는 같은 단어를 '현대'로 번역하며, 해당 단어의 명사형인 modernity의 경우 '현대성'으로 번역하는 경우가 많다. 이 단어로 지칭하는 시기가 17~18세기로 국한되지도 않는다. 이는 17~18세기의 변화가 사람들의 삶의 형태를 근본적으로 바꾸어놓았으며, 그때 만들어진 사회구조와 생활양식 등이 지금까지도 이어지고 있기 때문이다. 저자가 본문에서 밝히고 있듯, 사회학에서 말하는 현대성에는 "연대 이상의 정보가 담겨 있다". 예컨대 현대화(modernization)라고 할 때에는 "생물의 힘에 대한 무생물의 힘의 비율에 변화가 일어나면서 나타난 장기적이고 복잡한 일련의 결과들"을 일컫는다. 현대성에 대한 더 깊은 논의나 그 것이 사회학과 맺고 있는 관련성을 살펴보기에 적합한 책으로 스튜어트 홀 등의『현대성과 현대문화』(김수진·전효관·박병영 옮김, 현실문화)가 참고하기 좋다.

학부 시절에 이 책『사회학』을 만났더라면 여러모로 아리송하고 모호하다고 느꼈던 사회학에 대해 좀더 진지한 지적 호기심을 품고 더욱 재미있게 공부할 수 있었을지 모르겠다는 생각이 든다. 사회학 공부를 처음 시작하는 분들과, 사회학이라는 학문이 무엇인지에 대해 알고 싶은 여러 독자에게 이 책이 좋은 안내서가 되기를 희망한다.

사회학

SOCIOLOGY

초판 1쇄 인쇄 2019년 8월 2일

초판 1쇄 발행 2019년 8월 12일

지은이 스티브 브루스

옮긴이 강동혁

펴낸이 신정민

편집 최연희

디자인 강혜림

저작권 한문숙 김지영

마케팅 정민호 정현민 김도윤

홍보 김희숙 김상만 오혜림

제작 강신은 김동욱 임현식

제작처 한영문화사(인쇄) 한영제책사(제본)

펴낸곳 (주)교유당

출판등록 2019년 5월 24일

제406-2019-000052호

주소 10881 경기도 파주시 회동길 210

문의전화 031)955-8891(마케팅)

031)955-2692(편집)

팩스 031)955-8855

전자우편 gyoyuseoga@naver.com

ISBN 979-11-90277-00-6 03300

- 이 도서의 국립중앙도서관 출판예정도서목록(CIP)은

  서지정보유통지원시스템 홈페이지(http://seoji.nl.go.kr)와

  국가자료공동목록시스템(http://www.nl.go.kr/kolisnet)에서 이용하실 수 있습니다.

  (CIP제어번호: CIP2019029387)